普通の奴らは皆殺し KILL ALL NORMIES

インターネット文化戦争

オルタナ右翼、トランプ主義者、リベラル思想の研究

Online Culture Wars
From 4chan And Tumblr To Trump And The Alt-right

アンジェラ・ネイグル 著
大橋完太郎 訳　清義明 監修・注釈

Contents

日本語版まえがき

わたしは本書『Kill All Normies』を2016年のドナルド・トランプ大統領選出後に執筆した。そして2024年、この日本語版へのまえがきを、ドナルド・トランプの盛大な2回目の選挙戦勝利のあとで書いている。そう、あれ以来多くのことが起こったが、物事は奇妙なくらい変わっていない。

この本は、インターネットがどのように政治の未来を形作るかについて書いたものだ。執筆したのは「サイバー・ユートピア主義」の時代だったが、これは進歩的なアメリカ人のあいだで、インターネットがリベラルの理想に利益をもたらすと広く信じられていた時代であった。だがむしろ、インターネットはリベラルが予想もしなかった仕方で、その敵側を強化してしまった。

インターネットが現れたとき、こうした急進主義的なフォーラム［ウェブ上の会議室・掲示板］はまだニッチなもので、多くの人はこの新しい極端な思想がどこから来たのかわからず混乱した。折に触れて読者は、家族の誰かが極端な思想になっているのは本によって何かを吹き込まれているからだと語っていたが、彼らは人々に起こっていたことを理解していなかった。わたしの本は、インターネット文化戦争のふたつの集団のネットにおける起源をはじめて説明したものだ。それは、Tumblrのジェンダー流動的な世界と、それに対抗する4chanの/b/板に常駐している右翼的なトロール［荒らしや煽り］の空間である。それ以降、現実の生活のなかで、左翼はアイデンティティ・ポリティクスやトランスジェンダーに夢中になり、隠された白人至上主義や諸制度のなかのヘテロ的な規範主義を批判することに心を奪われるようになった。右派のほうはいっそう陰謀論的な傾向と過激さを強めるようになった。別の言い方をすれば、「現実の生活」が初期のインターネット上の共同体に近いものとなってしまった。

本書執筆の動機は、この新しいメディア状況のなかで常態化してしまっている、集団的な残虐さに恐れを抱いたことにある。また、不気味なウェブ上のアイデンティティ・ポリティクスが経済左翼の存在意義を破壊するのではないかと懸念していたが、実際にそうなったと思う。かつての話題に戻ると、わたしはバーニー・サンダースのような経済的な意味での社会民主主義者が将来成功することに望みを抱いていた。わたしが見たところ、サンダースは発展するふたつの文化戦争の動きに対する最良の選択肢だった。だが２０１９年にアメリカ民主党が掲げた年次大会のスローガンは「境界なく、主人なく、二大政党制もなく（No borders, no bosses, no binaries）」というものだった。インターネットの「ウォーク（woke）」文化［人種やジェンダーに関する偏見や差別などの社会問題への注目を呼びかける言動」が、バーニー時代の左派を数年間で覆いつくしてしまった。インターネットから現れた恐ろしくも新しい文化政治に対して別の選択肢があるかもしれないというわたしの希望は砕け散った。

２０１６年に本書が出版された後で起こった重大な変化のひとつは、右翼の白人ナショナリストの影が薄くなり、アレックス・ジョーンズによる陰謀論的文化や、反ワクチン運動、そしてＱアノンのようなものが現れたことだ。小児性愛と食人を趣味にするエリートの陰謀組織が存在し、ドナルド・トランプがそうした集団を秘密裏に妨害しようとしていると信じている人たちによるウェブ上の運動が、これに相当した。この運動が展開しているあいだに、２０１６年からあった白人ナショナリストの各集団はＳＮＳのプラットフォームで厳しく検閲され、その虚偽を暴かれ、告訴の対象となり、調査報道による攻撃を受け、ＦＢＩの標的となった。性をめぐる争いはインターネット上の政治を支配し続けている。これはまったく変わっていない。ネット右翼の反女性的要素は強力なまま残り、ネット左翼による反男性要素も根強く残っている。

出版後に起こった関連する出来事としては何があっただろうか？　２０１７年にシャーロッツビルで起こった「ユナイト・ザ・ライト・ラリー（Unite The Right Rally）」は歴史上重要な転回点となった。なぜなら、この集会においては、戦後のアメリカで最大のタブーとなっていた「白人のアイデンティティによる政治」という考えが、巨大な「現実生活」での示威行動となって大きく盛り上がった最初の出来事だったからだ。この事件は米国中にショックを与えた。2020年の「ストップ・ザ・スティール・ラリー」は、トランプの得票が不正に盗まれたと信じる人々が抗議するために開かれたが、この集会は議会を襲撃する暴徒と化した。首謀者たちは治安撹乱の陰謀の罪で有罪判決を受けた。

新型コロナ・ウィルスによるロックダウンの時期は、反ワクチンなどの各種陰謀論や被害妄想的な思考の文化を大きく育てた。その時期にはブラック・ライヴズ・マターの暴動があり、ジョージ・フロイドというひとりの黒人市民が白人の警察官によって殺されたことへの報復として、国家の威信を背負ったモニュメントや像が、暴動参加者や抗議者によって破壊された。破壊された像のなかにはクリストファー・コロンブスの像もあった。

2017年のユナイト・ザ・ライト・ラリーは、南部連合の司令官であるロバート・E・リー将軍像の撤去に抗議する集会として呼びかけられたものだった。2023年に撤去された銅像は溶かされて、アメリカのナショナル・パブリック・ラジオの言い方にならうなら、「よりインクルーシヴなパブリックアートのインスタレーション」へと作り替えられた。

アメリカの歴史のなかでも、過激化が進むこの時代については、今ではすでに多くの本が書かれているし、これからも書かれ続けるだろう。本書はこの歴史を説明する物語のひとつの章として読める。ウェブ上の一見目立たないフォーラムにも、文化現象が展開するなかで果たした役割があり、そこで発展した文化現象がのちに歴史を変えるような仕方で現実生活に飛び込んでくることになるという説明だ。本書が唯一のものであるとすれば、それは、インターネット文化戦争のどちらかの陣営を支持する誰かが、その偏った立場から本書を書いたわけではない、という理由による。わたしは両陣営を批判する。わたしは一度も現れることがなかった第三の立場を求めていた。文化的な革命の時代、すなわち大衆のヒステリーや群衆の重圧が強かった時代のなかで、この立場をとることにはきわめて難しいものがあった。だが、こうした立場を考えることを通じて、何かを講義するようなやり方や、教師然として何かを教育するようなやり方ではない方法で本書を書くことができた。これはきわめて貴重なことだ。

本書は、ウェブ上の目立たない奇妙なフォーラム、匿名で書かれた数々の陰謀論、そして起源がよくわからないままウィルス的に伝播していくミームや動画が、歴史の道行きをどのように変えたのかを明らかにすることに役立つ。だが、わたしたちはまだこの物語の結末を見ていない。トランプの時代は終わっていない。最後の幕はまだ上がったばかりだ。

2024年11月12日

アンジェラ・ネイグル

イントロダクション

希望から ゴリラのハランベに

Introduction:

From Hope to Harambe

２００８年のバラク・オバマの大統領選出に先駆けて、オバマによる希望のメッセージは、膨大な数のオンライン上のリベラルによって、大いなる熱意をもって「いいね」を受け、シェアされた。リベラルたちは初の黒人大統領への熱い愛を示し、大衆文化がもたらすポジティヴな瞬間に参加したことに狂喜していた。ジョージ・ブッシュは、イラクとアフガニスタンと交戦し、その南部流のスタイルと、決まって失言し文法的ミスを犯す「ブッシズム（Bushism）」によって、教育を受けた人たちを困惑させた。当時のアメリカのリベラルが抱いた恥の感覚は、マイケル・ムーアの『アホでマヌケなアメリカ白人（Stupid White Men: ...And Other Sorry Excuses for the State of the Nation!）』のような本に記録された。

ブッシュとはまったくちがって、オバマは言語明晰で、洗練され、学識があり、国際的な視野があった。彼の選挙中、メディアでは**オプラ・ウィンフリー**が叫び、ビヨンセが歌い、若い群衆や崇拝するファンたちが祝っていた。前向きな希望が大量に流れ出すなか、民主党内の極度に左派的な人々の氷のような心も一時的に溶け、平等主義の夢が実現したように感じられた。

ヒラリー・クリントンも、２０１６年にこの手法を繰り返そうとした。『**エレンの部屋**（The Ellen DeGeneres Show）』でダンスし、ふたたびビヨンセを起用し、ビヨンセのようにバッグにいつもホットソースを入れていると庶民派をアピールしな

オプラ・ウィンフリー
黒人女性テレビ司会者。２００８年大統領選挙では早い段階からオバマを支持し、選挙集会などで応援スピーチを行い、オバマ当選の立役者とされた。

エレンの部屋
コメディアンのエレン・デジェネレスが司会をするテレビトーク番組。ゲストのヒラリー・クリントンはダブと呼ばれるダンスを習うパフォーマンスを行った。

がら、「わたしは彼女とともに（I'm With Her）」というスローガンを唱える**レナ・ダナム**のようなフェミニストのセレブを引きつけた。しかし、そうした政治的なショーのあいだ、ヒラリーは右派のウェブ上の大観衆にとって喜劇と嘲笑のネタとなった。彼女が新しいインターネット世代の右翼的な動きをトランプの「嘆かわしい連中」だと言ってまじめくさって非難したとき、彼女のコメントのターゲットだったウェブ上の群衆が、**ミーム**やあざけり、「祭り」という形で大量に溢れ出した。

メインストリームのメディアを通じて得られた熱心で希望に満ちた日々から離れて、いかにしてわたしたちは、今日わたしたちがいるような場所にたどり着いてしまったのだろう？　本書はこの時期について、インターネット文化およびサブカルチャーの観点から調査し、ウェブ上での複数の文化戦争の軌跡をたどるものである。これらの文化戦争は、この期間、メインストリームのメディアの境界のいちだん下、それが感知できる領域の下で、フェミニズム、セクシュアリティ、ジェンダー・アイデンティティ、レイシズム、表現の自由とポリティカル・コレクトネスをめぐって激しく繰り広げられていた。これは60年代や90年代の文化戦争とは異なるものだった。以前の文化戦争の典型的な形は、道徳的にも文化的にも保守的な年長世代が、若者たちの文化的な世俗化とリベラリズムに対して仕掛けるというものだった。近年のウェブ上での反撃は、ティーンエイジのゲーマーたちの異様な指導者や、鉤十

レナ・ダナム
アメリカの女優・映画監督。ドラマ『GIRLS』では主演のほか製作・脚本も務め、大ヒットした。2016年の大統領選ではヒラリーの支持を表明した。

ミーム
SNSなどに投稿され流行したジョークや画像、動画のこと。その多くは作者不肖。

字を投稿する偽名のアニメ愛好者、アイロニーに満ちた「**サウスパーク**」的保守主義者、反フェミニズムのいたずら者、オタクのハラスメント野郎、そしてミームを作成する**トロール**を動員することができた。彼らの暗いユーモアと侵犯への愛情は、いかなる政治的信念が率直に支持されていて、いかなるものがただの「(笑)」「w」「**lol**」(つまり笑うべきもの)なのかを区別することを困難にした。彼らを曖昧なまつなぎとめていたのは、疲れたリベラルの知的従順さのようなものに見られる真剣さと道徳的な自己肯定をからかうことに対する愛であった。こうした従順さは一貫したもので、成功したリベラル政治にも見られるし、**Tumblr**のなかのもっとも奇妙な場所から、大学キャンパスでの政治活動にまで現れる、より戦闘的な新しい感受性の主導者のなかにも見られる。

わたしたちはまた、大衆文化の感受性がこの時期に死を迎えたことも目にした。かつてはメインストリームのメディアが戦いの場であったし、メインストリームの文化と一般の人々という感覚があった。トランプ主義者の勝利は、メインストリームのメディアに対する勝利でもあり、今やメインストリームのメディアは、多くの標準的な有権者や、ウェブ上にいるアイロニー満載のサブカルチャー、その右派からも左派からも軽蔑されている。右派も左派も等しく、この憎むべきメインストリームから距離を置いている。今では自分の左翼的思考の背後にある無知を、つまら

「サウスパーク」
過激な社会風刺とブラックジョークが売りの人気アニメ。リベラルをからかった保守的な立場からの笑いが多い。極右的な政治思想や政府に対する当てつけで笑いをとることもあり、リバタリアン的な中道保守の立場ととらえることもできる。

トロール
SNSなどに嫌がらせや悪ふざけの投稿を繰り返すネットユーザー。日本では「荒らし」と呼ばれることも。北欧神話に登場する森に住む怪物が語源。

lol
「Laughing Out Loud(大笑い)」の略語。

ないビッチや普通の奴（normie）として、あるいは腐敗したメインストリームのメディアの一員として示してしまうことは、なんであれキャリア上の災難となる。逆にウェブ上では、ミームを手作りするＤＩＹ文化や、ユーザーが作成したコンテンツによって自己表現する新しい種類の反体制的な感受性が出現している。このユーザーによる手作り文化は、サイバー・ユートピアを本気で信じる人たちが長年その良さを説いて回ってきたものだったが、彼らはこれが特有の政治形態をとるとは想像していなかった。

オバマが勝利した最初の選挙では、ＳＮＳの愛好家たちが、彼の肖像の公式ポスターを複製して使用していた。このポスターは赤青2色のステンシルで刷られていて、下部に「ＨＯＰＥ（希望）」の文字が印刷されている。アーティストのシェパード・フェアリーによって制作されたこの肖像は、オバマの選挙活動で公式に認可されたものだった。このオバマの選挙と、２０１６年の選挙戦に見られた、無礼でメインストリームを困惑させるようなミーム文化の噴出とを比べてみよう。「バーニー＆フレンズ」の恐竜バーニーのミームを使ったFacebookの隠しページや、**Reddit**の「ザ・ドナルド」というサブフォーラムは、新しく政治に目覚めた若い世代にとっての選挙戦の性格を定めた。他方でメインストリームのメディアは、右派左派の双方から現れた反主流派のふたつの波に合わせるため、ジョーク混じりの

Tumblr
アメリカの代表的なＳＮＳ。２００７年にサービス開始し大きなユーザー数を誇ったが、２０１６年に米Yahooが買収し、２０１８年にアダルトコンテンツの投稿を禁止したことによりユーザー数が低迷したと言われている。現在はWordPressのAutomattic社が保有している。

「バーニー＆フレンズ」
ぬいぐるみの恐竜が活躍する子ども向けテレビ番組。２００２年に放映スタートし、一時期日本でも放映されていた。

Reddit
アメリカのソーシャル・ブックマークと呼ばれる匿名掲示板サイト。２００

サブカルチャー的スタイルに追いつくよう絶望的な努力をしていた。**マニュエル・カステル**のようなライターや、**Wired**誌のようなメディアにいる多くのコメンテーターが、ネットワーク社会の到来について語っていた。そこではヒエラルキー的なビジネスや古い文化モデルは、群衆、集合精神、市民ジャーナリズム、そしてユーザーが作成したコンテンツによって置き換えられるだろうと考えられていた。彼らの願いは叶った。だがそれは彼らが望んでいたユートピア的な理想とはまったく異なっていた。

古いメディアが死んでいくにつれて、文化的な感性とエチケットを守ろうとする人たちは引きずり下ろされた。少数のクリエイティブな階級によって保たれていた大衆的な趣味の諸概念は、今や出処もよくわからないバイラル［人から人へ短期間に伝播し拡散するウィルスのような性質］なウェブコンテンツに取って代わられてしまい、文化産業の消費者はウェブに常駐する安直なコンテンツ制作者へと入れ替わった。2016年という年は、メインストリームのメディアが公式の政治活動に対してもっていた影響力が死んだ年として記憶されるかもしれない。**カエルのペペ**の顔をしたトランプのミームが大量に出現し、メインストリームのメディアや共和党保守党両陣営の有力者たちにあからさまな敵意を示す伝説的な強者たる**Twitter**上のトロールが、メディアや有力者なしでホワイトハウスを手に入れた。

5年に開設され、2024年現在、8億人のアクティブユーザーを誇る（英語圏最大）。匿名ではあるが、アカウント登録制のため、4chanなどとは違い、違法コンテンツや誹謗中傷などに対して比較的管理されている。同年、ニューヨーク証券取引所に上場し、時価総額は80億ドルとなった。

マニュエル・カステル
社会学者。カリフォルニア大学バークレー校名誉教授。著作に『インターネットの銀河系　ネット時代のビジネスと社会』など。

Wired
インターネット黎明期の1993年に創刊されたテックカルチャーの総合誌。

メインストリームのインターネット文化の感覚に亀裂が走ったもっとも初期の重要な瞬間は、バイラルなものになった『**Kony 2012**』の映像だった。支配的なスタイルが道徳的な正しさからシニカルで不可解なアイロニーへと移り変わっていく軌道を大まかにマッピングすると、それは映画『Kony 2012』から2016年の**ハランペ**のミームの爆発への移り変わりということになるだろう。『Kony 2012』の目的は、「Stop Kony」というチャリティー・キャンペーンの活動を促進することであり、それ自体の目的は、ウガンダの反政府軍の指導者ジョゼフ・コニーを2012年の終わりまでに捕えることにあった。この映像は1億回以上も視聴され、相当に拡散したので、ある調査によれば、その映画のリリースから数日後にはアメリカの若い成人男性の半数がそれについて知るようになり、映画サイトがクラッシュした原因となったという。タイム誌は『Kony 2012』を今まで制作されたなかでもっともバイラルな映像だとした。FacebookやTwitter上では、ウガンダの戦争犯罪にほとんど無関心だった西洋の若者の莫大な数が視聴者となって映像をシェアし、切迫した感情的な叫びをそれにつけ加えた。これは現在のわたしたちならば、皮肉を込めて「道徳的正しさの表明」と言うかもしれない。

しかし、この映像とキャンペーンは、ウガンダ人や、その地域の専門家、そしてウガンダの国家元首からも批判を受けはじめた。映像に対する告発は、その粗野で

カエルのペペ
マット・フュリーによるコミック『ボーイズ・クラブ』のキャラクター。4chanなどでその情けない風貌や子どもじみた振る舞いが面白がられてミーム化。その後、トランプ支持者や白人至上主義などにより二次創作的に派生ミームができあがり、オルタナ右翼のアイドル的存在になった。経緯不明だが、2019年の香港民主化デモでは自由を求めるアイコンとして扱われた。

Twitter
2006年にスタートしたSNSサービス。2022年にイーロン・マスクが買収し、サービス名を「X」に改称。

過剰な単純化や不正確さ、感情的な操作と「**スラックティビズム**」に向けたものであふれていた。スラックティビズムは、今はありふれた軽蔑的な言葉となっていて、「クリックティビズム」とも呼ばれている。ウガンダでの映画の大規模上映は、野次と敵意によって迎えられ、観客は、映画がアメリカの映画制作者に集中し、コニーの犠牲者を無視していることに怒っていた。道徳的な賞賛を分かち合うことに熱心な西洋の批評家は、『Kony 2012』とそのメインストリームでの支持者たちに道徳的正しさが不足していることを急速に表明しはじめた。

そして、映画の評判がまだ高いときに、監督のジェイソン・ラッセルが逮捕され、精神鑑定のために勾留されたが、その前に、彼の衰弱した状態がフィルムに収められウェブ上でリリースされてしまった。ラッセルが裸で屋外にいて、叫びながら地面を叩き、マスターベーションをして車を破壊するこの映像は、またバイラルな映像となった。

コニーのエピソードは、メインストリームの道徳的正しさから正しさの苛烈な競合状態へと眩暈がするような速さで移り変わり、そして不名誉からシャーデンフロイデ［他者の不幸を喜ぶ感情］へと眩暈がするような速さで移り変わる、今となっては馴染み深いコースを駆け抜けていった。こうした展開は、それ以降数年間、ダークウェブ上のスペクタクルの標準的な筋立てとなった。善意の精神をもってこの映

『Kony 2012』
2012年公開の、ウガンダの反政府勢力「神の抵抗軍（LRA）」による残虐なゲリラ活動、児童虐待や性奴隷化の実態を取り上げた短編ドキュメンタリー映画。動画サイトに公開されると、瞬く間に全米で話題になった一方、ウガンダ国内では、ウガンダ社会を見下したような内容に観客が激怒し、ウガンダ大統領までもが批判することになった。

ハランベ
テキサス州の動物園で飼育されていたゴリラ。ある日、柵のなかに転落してしまった3歳の子どもを引きずりまわしたことにより、動物園側の措置

像をシェアした人たちの多くは、決まりが悪そうにその映像を取り下げた。まじめな感心ごとをシェアすることは、人によいことをしたように感じさせたが、それはたちまち、マネタイズされる以前の土着的な匿名のインターネット文化の暗いところへと回帰した。他人の不幸を喜ぶ気持ち、深い皮肉、そして今や止めることのできない、バイラルな娯楽としての公衆の面前での屈辱の力に取って代わられたのだ。

２０１６年までには、数限りなく再生された『Kony 2012』が道徳的な正しさから不名誉へと変化したあとで、深いニヒリスト的な皮肉と反動的なアイロニーをそなえた精神が、メインストリームのインターネット文化の表面にあふれ出し、ばかげた内輪ウケのフォーラム内でのユーモアが優勢となった。シンシナティ動物園にいるハランベという名前のゴリラは、その囲いに子どもが落ちた事件のあと、その年に射殺されたが、そのとき、ネット上で怒りを表明するいつものサイクルが、道徳的正しさを表明するお決まりの競争となって期待通りに始まった。最初は、感情的で激怒したウェブ上の人々が、ゴリラの死について子どもの両親を非難し、両親をネグレクトで訴追しようと請願する者たちさえいた。しかしそのとき、目まぐるしいアイロニカルなあざけりがSNSのスペクタクルとなってその後に続いた。直ちに登場したハランベのミームは、リベラルのパフォーマンス的政治やその政治を特徴づけるウェブ上の集団ヒステリー感情、および馬鹿げた感情優先主義の完全な

で射殺。これにネットでハランベに罪はなかったのではないかという同情論が巻き起こる。この同情が偽善ではないかと、ハランベをあえてもちあげるミームが流行した。

スラックティビズム
SNS時代の現在において、記事や動画をシェアしたり「いいね！」したりするだけで、政治運動をしているかのようにされる風潮。クリックするだけの運動なので「クリックティビズム」とも。

パロディとなった。

事故に関する投稿がReddit Newsの第一面を飾ったのと同じ日に、「ハランベに正義を」というタイトルの請願がChange.org［オンライン署名サイト］上で作られた。そこでは各種の権威に訴えて、子どもの両親にハランベの死の責任をとるよう求める呼びかけがなされ、数百万の署名が寄せられた。アイロニーとも言えるハッシュタグ#JusticeForHarambeや#RIPHarambeがすぐに流行した。ハランベのパロディソングが歌詞付きで作られ、「ハランベのためにがんばろう」という呼びかけは、コメディアンのブランドン・ウォーデルによって広く知られる表現となった。

2016年に惜しまれながら逝去したひとりとして、デヴィッド・ボウイやプリンスのような有名人とともに、ハランベの写真が並べられた。アメリカのひとりの高校生が、彼の高校のフットボール・シーズンの最初のゲームで、ゴリラの着ぐるみを着てサイドライン沿いを走っている姿が撮影された。彼は後ろに別の学生を引きずっていて、それはハランベが撃たれる前に囲いのなかにいた少年のようだった。動物園側は、ミーム制作者に対して、ハランベのハッシュタグを使用したツイートやメッセージにそれらを散りばめることをやめるよう要請した。「ブッシュがハランベ殺しの黒幕」というカードを持った若い男が（これはブッシュが9・11の黒幕だとする陰謀論のパロディである）、民主党の党大会の外でMSNBC Newsに登場したとき、ミームはメインストリームのメディアにまで広がった。

Chapo Trap Houseというポッドキャストは、それ自体が現代のアイロニーに満ちたインターネット文化の産物なのだが、そのプレゼンターであるマット・クリストマンは、感傷を交えず、事態を正確に要約している。「ハランベのジョークの人気が証明しているのは、人は不幸な出来事を笑いたいものだが、正面から笑いものにするのも気が引けるということだ」。クリストマンはまた、あるポッドキャストで、ハランベ愛好家は、ISIS［イスラム国］に忠誠を誓った射撃犯による、オーランドのゲイのナイトクラブでの**虐殺事件**を次のターゲットにしたとも指摘した。

大いにメディアで取り上げられたさまざまな悲劇に冷淡な冗談とアイロニーで対応することは、長年にわたるトロール文化の特徴だったが、ハランベは、仲間内でのふざけ合いに参加したいと望む多くのウェブ上の人たちを引きつけた最初の事例だった。それはバイラルなものにもなったが、その理由は、ハランベが時勢に合っていた点にある。ユーモアを欠いた、自分のことを正しいと思っている、ひとりよがりなソーシャル・メディア上の感情表出が愚かさのピークに達し、その結果、アイロニカルでシニカルな嘲笑というかつての薄暗いスタイルが、よりメインストリームのインターネット文化のなかに対抗勢力として現れた。

冷笑的なユーモアは見事なまでの馬鹿げたパロディとして機能し、左派右派を問

Chapo Trap House
ネット発の従来のリベラルに属さない左派、いわゆる「ダートバック左翼」のポッドキャスト番組。共和党や新自由主義的資本家をあざ笑うだけではなく、民主党の穏健派をもやり玉にあげている。人種的なジョークなども頻発するほか、進歩主義的なリベラズムもからかいの俎上にあがることが多い。

虐殺事件
2016年にアフガニスタン系アメリカ人のイスラム教徒によって起きた銃乱射事件。セクシャル・マイノリティを狙ったローンウルフ型テロ。ゲイクラブの客49人が犠牲となった。

わずアイロニストたちに受け入れられたが、厄介なのは、他の多くのケースと同様、皮肉の迷宮のなかに、本当に邪悪なものが隠れる隙を与えてしまったことだった。たとえば、『ゴーストバスターズ』に出演したスターの**レスリー・ジョーンズ**に反対して主導されたヘイト・キャンペーンで、ハランベは彼女に嫌がらせをする者たちによって参照された。匿名の脅迫や彼女をゴリラになぞらえた発言が、彼女に大量に送られた。ジョーンズへの集中砲火が起こる前に、ゲイで保守派のイギリス人**マイロ・ヤノプルス**は、**オルト・ライト**（Alt-light）の著名人たちに向けて、彼女についての一連の侮辱をツイートし、そのなかのひとつには、彼女は「黒人男性」に見える、というものもあった。彼女がマイロの攻撃対象になったことで、彼女に対する嫌がらせキャンペーンが展開され、彼女のウェブサイトがハッキングされ、ヌード写真がオンラインで拡散されるなどの事態を招いた。

ハランベのミームがオルタナ右翼の中傷家たちのお気に入りになったとしよう。そうなると、それはリベラルな感性をあざけろうとしている人たちの興味を引いたとしても、結局はインターネット通による風刺という衣装をまとった、古いレイシズムにすぎなかったのだろうか？　あるいはリベラルなインターネット文化による愚かなヒステリーと偽善の政治に対する狡猾なパロディだったのだろうか？　こうしたミームに巻き込まれた人たちは、アイロニーによって巻き込まれたのか？　そ

レスリー・ジョーンズ
大ヒット映画『ゴーストバスターズ』のリブート版が2016年に公開された。しかし、主人公4人が女性に置き換えられた、いわば女性版ゴーストバスターズだったために批判も多く、特にネットでは唯一の黒人女性レスリー・ジョーンズに誹謗中傷が殺到する事態に。映画自体はヒットし、批評家の評価も総じて悪くはない。

マイロ・ヤノプルス
オルタナ右翼のイデオローグの代表人物。ウェブ右派論壇サイト「ブライトバート・デイリー・ニュース」の編集者として注目を集める。自らゲイを公言しながらもカトリック教徒であるという複雑な

うした人たちの行為が、あるメディア的現象のなかで、アイロニーをもったパロディであると同時に真剣なものであるということは、可能なのだろうか？

Twitterの@promというハンドルネームのハッカーは、シンシナティ動物園園長のテイン・メイナードのアカウントをハックし、そのアカウントから「#ハランベのためにがんばろう」というツイートをした。だが、そのハッカーはニューヨーク・デイリー・ニュース誌に動機を聞かれたとき、理由はよくわからないと答え、次のように述べた。「その事件が起こったとき、自分はハランベを撃った男性に怒りを抱いていた」と。

インターネット文化戦争が使い尽くした、アイロニカルで内輪ウケ的な意味の迷宮のただなかで、トランプは選出され、わたしたちが今日オルタナ右翼と呼んでいるものが目立ちはじめた。**アザーキン**からはじまりカエルのペペに至る、あらゆる奇妙な出来事や、新しいアイデンティティ、そしてわけのわからないサブカルチャー的な振る舞いは、それらがメインストリームのメディアを作るようになったとき、一般の人たちを当惑させることになる。これらのものは、ある反応に対する反応に対する反応として理解できる。つまり、それぞれが他のものの存在に対して怒りをもって反応している。トランプ支持のミーム制作者は、ジェンダーの境界を超えるTumblrユーザーに対抗して、タブーを破る反ポリコレ的なスタイルをさらに強めた。

人物像を持つ。児童虐待を擁護した発言によりブライトバートを解雇され、現在では影響力を失っている。

オルト・ライト
オルタナ右翼の極端な白人至上主義には批判的だが、それ以外の主張はほとんど同様の論者につけられた名称。マイク・セルノヴィッチやギャヴィン・マキネスなどのこと。

アザーキン
妖精やドラゴンや天使や悪魔などの魂が、自分自身に乗り移ったり転生したと信じる人たちや、その人たちがつくるムーブメントの総称。

Tumblrユーザー自身も、人種差別やミソジニー、そして自分たちのオンライン・サブカルチャーの外部世界のヘテロ規範的な抑圧に対して、いっそう敏感になり、いっそう確信を深めた。同時に、トランプ支持のトロールやオルタナ右翼などの「**嘆かわしい人たち**」は、ヒラリー・クリントン支持者――Tumblrに根づいたアイデンティティ・ポリティクスや、言論の自由に反対するインターセクショナルな大学のキャンパス左派――を、急速に衰退していく西洋文明を証明するものとみなしている。両者は似ても似つかないが、世間から乖離しているのは同じだ。

Tumblrスタイルで大学キャンパスを基地とするアイデンティティ・ポリティクスから生まれた左派の暗いキャンセル・カルチャーは、この時期にピークに達した。そこでは麺類を食べることからシェイクスピアを読むことまでもが「問題である」と宣告され、それが「ミソジニー」だとか「白人至上主義」だと言われることさえあった。タブーとされる反道徳的なさまざまなイデオロギーが匿名のインターネットの暗い一角で育っていく一方で、今や大部分の若い人たちが自分たちの政治的な考えを展開する場所である、匿名を用いないSNSのプラットフォームも、**パノプティコン**となってしまった。そこにいる多くの人たちは、公で辱めることを目論む攻撃的な黒幕の監視を恐れている。恐るべきキャンセル・カルチャーは、その力が最大のとき、いかに侵犯がささやかなものであっても、また侵犯した人物の意図が

嘆かわしい人たち
トランプ支持者に対してヒラリー・クリントンが使った表現。この有権者を見下したような態度が、ヒラリー批判を招いた。トランプ支持者は「私は嘆かわしい人」というTシャツまでつくって、ヒラリーを皮肉った。

パノプティコン
中央の高い監視塔から監獄内のすべてが見えるように造られた円形の刑務所施設。イギリスの思想家ジェレミー・ベンサムが考案した。精神病院で用いられたこともあり、後

どのようなものであっても、人々の名声や職業、人生を破壊することができた。これらの暗いオンライン政治の初期状態が、ある世代全体にとっての形成要因となり、メインストリームの感性や言語にさえインパクトを与えた。

ヒステリックなリベラルの**コールアウト**は、無礼なあざけりと反ポリティカル・コレクトネスというウェブ上での反動を生み出す土壌となった。マイロのようなカリスマ的人物はこの反動の典型だ。こうした時期の、甘美なポップスターから**ジャスティン・トルドー**に至るあらゆる人を「白人至上主義者」と呼び、「わたしは彼女とともに」というスローガンに賛同しなかったあらゆる人を性差別主義者と呼ぶオオカミ少年のあとで、本当のオオカミが現れた。彼らは、ウェブ上のアイロニカルで内輪ノリのトロールの軍勢のなかに隠れているが、あからさまに白人でナショナリストでオルタナ右翼という形をしていた。この出現により、実際のところ誰の側に立つべきなのかが、この新しいウェブ上の極右の中核にいる人たち自身も含め、誰もわからなくなってしまった。この時期にセレブになったオルト・ライトの人物は、ウェブ上でのアイデンティティ・ポリティクスの馬鹿らしさをさらし、ミソジニーや人種差別、障害者差別、肥満嫌いやトランスジェンダー差別など、たいした理由もなく批判を投げる文化を公然と示すことで成功を収めてきた。しかしながら、ウェブの外では、自分たちの男がアメリカ大統領の役職に就くのを見たのは一方の

にフランスの思想家ミシェル・フーコーにより、監視社会の象徴として取り上げられる。

コールアウト
社会的にふさわしくないとされる人や組織などを批判し、排斥を訴えること。特にインターネット上で行われるものを指す。同意語に「キャンセル」。

ジャスティン・トルドー
カナダ首相（2015－）。西側諸国きってのリベラリストとして知られ、セクシャル・マイノリティ擁護や難民支援などの政策をとる。過去に顔に色を塗って黒人の扮装、「ブラック・フェイス」をしていたことが差別として批判されたこともある。本人は謝罪。

側だけであり、そこでは、明らかな白人の差別主義者や、純粋なヘイトに満ちた残忍で女性を蔑視する人種差別主義者たちが、アイロニーを装って「ジークハイル」の敬礼をしていた。

あからさまな人種差別主義のオルタナ右翼の存在が広く知られる前に、よりメインストリームに近いオルト・ライトはそれを褒めそやし、**ブライトバート・ニュース・ネットワーク**内でそれを白く輝かせて、YouTube番組内で代弁者を用意し、ソーシャル・メディアでそれを売り込んだ。それにもかかわらず、マイロのキャリアが突然崩壊したとき、彼らは恩返しをしなかった。わたしは思うのだが、これは、より真剣な政治目的をもつ者たちのために、遊び心のある反抗的なオルト・ライトが、「役に立つバカ」をうっかり演じるという前例を作っているのかもしれない。もし近いうちに、この暗く、反ユダヤ主義的で、人種差別的なイデオロギーの力が強くなり、暴力が必然となるような未来のイメージが育つことになるなら、右翼を魅力的なものにした人たちは、自分たちが果たした役割についての責任を取らねばならないだろう。

本書は、ある世代の政治的感性を形成したインターネット文化をマッピングする試みであり、書き留めなければ忘れられてしまうような、深層で文化やさまざまな考えを作り出してきたウェブ上での戦争について、その経緯を理解し、報告する試

ブライトバート・ニュース・ネットワーク
米のオルタナ右翼に非常に近いウェブ・ニュースサイト。虚実混交なニュースも含み、反移民、反民主党の主張で、2016年のトランプの大統領選挙に影響を与えたともいわれる。第一次トランプ政権の主席戦略官だったスティーブ・バノンが取締役会長を務めていた。

みである。そこでは微小で暗いサブカルチャーで始まった端緒から、近年のメインストリームの公的で政治的な生活までが扱われている。この報告は現代の文化戦争を歴史的文脈に位置づけるものとなるだろうし、現実とパフォーマンスのもつれをほどき、具体的なものと抽象的なものとのもつれをほどき、あるいは、もしそうしたものがなおも存在しているとするならば、アイロニーとアイロニーのふりをしたものとのもつれをほどく試みとなるだろう。

第1章 リーダーなきデジタル反革命

The leaderless digital counter-revolution

2010年代初頭に戻って考えてみよう。それは90年代からあったサイバー・ユートピア主義が再登場して存在感を強めた時期で、ドット・コム・バブルがはじける前にあたる。サイバー・ユートピア主義は、世界各地で起こった政治的な出来事に対応して現れた。それは「アラブの春」や「オキュパイ」運動、あるいは新しい政治的なハッカーたち、といったものだ。アノニマスやウィキリークス、あるいはスペインや中東で大衆が街頭でおこなった抗議活動が、新聞やニュースの紙面を覆い、それらの活動の深い意味についての議論や分析を引き起こした。これらの出来事すべてはソーシャル・メディアの勃興の結果であるとされ、デジタル革命という新しいリーダー不在の形式だとみなされた。この瞬間を誇張して傲慢な態度をとることは、人々に疑念を向けさせるには十分だったかもしれない。だが左翼の大半は、ソーシャル・メディアを通じて現れメインストリームのメディアでも取り上げられるようになった、広場に集まる群衆のイメージに興奮し、それに取り込まれてしまった。

書籍やソーシャル・メディア、あるいは続々と現れるコラムやブログが、インターネット初期から予言されてきたサイバー・ユートピアの出現を祝福した。当時の雰囲気を典型的に物語る一例として、**ヘザー・ブルック**が『革命はデジタルによって 情報戦争からの特報』のなかで掲げた勝利宣言がある。彼女はそこで、「テク

ヘザー・ブルック
イギリスのフリーランス・ジャーナリスト。200

ノロジーが、身分、階級、権力、富、地理といった伝統的な社会的障壁を打ち壊した。それらの障壁は、テクノロジーによって、連帯と透明性の原理へと置き換えられたのだ」と主張している。反消費主義をうたうカナダの雑誌アドバスターズ（Adbusters）に掲載されたマニュエル・カステルによる記事「怒りがネットワークとなる」は、スペインや世界各地でリーダー不在の集団がインターネット上で組織化され現れはじめたときにひろく読まれた。カステルは、彼がその生涯の大半を通じて執筆の対象としてきた社会のネットワークが、劇的に新しい形を手に入れたと論じている。BBCのジャーナリストであるポール・メイスンは『なぜそれは同時に始まったのか』という著作のなかで、「エジプトの」タハリール広場での革命や、イランの「Twitter革命」、あるいはハッシュタグを通じて大きく拡散した「ウォール街を占拠せよ（オキュパイ・ウォール・ストリート）」運動を報告している。

しかしこれらの熱狂はほんの数年で死に絶えた。エジプトの革命の後、事態はさらに悪化し、ムスリム同胞団による支配を招いた。イスラム原理主義者たちは、少し前なら人々の望みで輝いていた公共の広場近くの通りや建物で暴行を繰り広げた。ウォール街占拠の参加者たちは文字通り目的を失い、警察によって徐々に公的な場所から排除され、野営地のテントもその数を減らしていった。２０１３年の終わりには、広場で集会する形をとった抗議運動「マイダン革命」がウクライナで起こ

9年に英国議会の不正経費問題を暴きだし、結果、下院議長と数十人の議員の辞職と逮捕につながる大規模なスキャンダルとなった。情報公開に関する運動家としても知られる。

った。この運動は、革命へのロマンを抱く多くの人たちが公共の広場に集まることから始まった。しかしながら、リーダー不在のネットワークというやり方は、運動の開始時点ですでに説得力を欠いたものになりつつあり、抗議運動が直ちにファシズム的な群衆統治へと方向性を変えたことにより、省みられることはなかった。「ウォール街を占拠せよ」や、数千人もの群衆がプエルタ・デル・ソルを埋め尽くしたスペインの広場での抗議運動といった、リーダー不在のデジタル革命だとみなされていた多くの事態において、**ガイ・フォークスの仮面**が中心的なシンボルとして用いられていた。だが、このマスクが使われるようになったネット上の発端と、マスクが政治的にどのような感受性を代替しているのかを考えることで、リーダー不在のウェブ上での運動ではあるが、まったく異なる別のものが醸成されていた可能性について、ヒントを得るべきだったのではないか。

トランプが選ばれた大統領選［２０１７年１月就任］の後で、誰もが新しいオンライン上での右翼的な運動について知りたがった。この右派的な感受性がミーム的に増大して、あの有名なRedditのコミュニティr/The Donaldから、メインストリームのインターネット文化に至る一連のサイトが生み出された。選挙結果に先駆けて、もっとも有名なイメージは「カエルのペペ」だった。マイロ・ヤノプルスから4chanやネオナチのサイトまで、右派的なウェブ上のものをひとまとめにして、報

ガイ・フォークスの仮面
もともとは17世紀イギリスで起きたカトリック教徒による議会爆破と国王暗殺事件の首謀者のひとり。反逆者として怨嗟の対象となっていたが、近年では逆に抵抗のアンチヒーロー的な受容のされ方もしており、80年代のコミックノベル『Vフォー・ヴェンデッタ』では、全体主義となった近未来のイギリスにガイ・フォークスの仮面をかぶった人物が出てくる。これは映画化され、ネットでは全体主義と戦う匿名の反逆者の象徴という位置づけとなった。

リチャード・スペンサー
オルタナ右翼の最重要イデオローグ。白人至上主義者で、アメリカと欧州を白人国家にすることを主張

道機関はそれを「オルタナ右翼（alt-right）」と名づけた。とはいえ、インターネット事情通の軍勢が直ちに指摘したように、「オルタナ右翼」という言葉は、もっとも厳密な定義としては、白人による公然たる人種主義やナショナリズム運動、およびそれが生み出すサブカルチャーの新しい潮流だけを意味するものであって、そうした者たちのサークル内で使用されていた。典型的な提唱者としては、**リチャード・スペンサー**がいる。彼は、ローマ帝国と類似のモデルのもとで、白人の民族国家かつ汎白人的な帝国国家としての合衆国のあり方を求めた。同じ運動に属するメディアとしては、スコットランドのビデオ・ブロガーである**ミレニアル・ウォーズ**（Millennial Woes）によるものや、レッド・アイス社（Red Ice）、ラディックス（Radix）のようなサイト、あるいは長文コンテンツと書籍の販売を営む**カウンター・カレンツ**（Counter Currents）などがある。

オルタナ右翼の広い潮流は、頻発するセクトと党派の闘争からできているが、そのなかでも、オルタナ右翼に先行し、オルタナ右翼が読んで影響を受けた旧世代の白人たちも存在する。たとえば**ジャレッド・テイラー**はアメリカン・ルネサンスというサイトで、自らを「人種現実主義者」と述べた。**オキシデンタル・オブザーバー**（Occidental Observer）の編集者ケビン・B・マクドナルドは、**名誉毀損防止同盟**（Anti-Defamation League: ADL）から、極右知識人のための反ユダヤ主義の第一人者と

する。反ユダヤ主義やナチスに対するシンパシーを隠さず、たびたびアメリカでは問題視されている。

ミレニアル・ウォーズ
白人至上主義や反ユダヤ陰謀論を主張する、スコットランドのオルタナ右翼のユーチューバー。タブロイド紙で本名などの個人情報が暴露され、それによる嫌がらせを理由として、政治活動から身を引くと宣言。

カウンター・カレンツ
アメリカの極右・白人至上主義専門の出版社。極右雑誌の編集者グレッグ・ジョンソンや、フランスの新右翼の政治哲学者アラン・ド・ブノワ、同じ仏の新右翼のイデオローグのジャーナリスト、ギヨー

呼ばれている。程度は異なるものの、オルタナ右翼とは、知能指数やヨーロッパの人口および文明の退潮、文化的退廃、**文化的マルクス主義**、反平等主義、そしてイスラム化といったものに夢中になっているのだが、もっとも重要な点は、その名が示すように、保守的な右派のエスタブリッシュメントとは異なるオルタナティヴを創造することに関係している。従来の保守的な右翼はゆるいキリスト教的受動性にあると、オルタナ右翼は非難する。すなわち、民族／国家／人種が女にたとえられ、非白人の侵入者によって女が寝取られたにもかかわらずそれを保ち続けているような、「**寝取られ保守主義**（Cuckservatives）」として片づけてしまう。

ついで、初期の**新反動主義**（NRx）のような、さらにわかりにくい反平等主義的な反動傾向の領域がある。これには「大聖堂（カテドラル）」という影響力のある概念を創り出したメンキウス・モールドバグ［＝**カーティス・ヤーヴィン**］や**ニック・ランド**のようなブロガーないしは思想家が含まれており、ランドは「暗黒啓蒙」という概念を創出したことでも知られる。「大聖堂」という概念は、精神を完全に包囲する牢獄のようなシステムとして考えられていて、これはマルクス主義的批判理論における「イデオロギー」についての理解と酷似している。「暗黒啓蒙」は、啓蒙概念をアイロニカルに展開させたもので、進歩の観念に対する疑い、およびリベラルなパラダイムの拒絶に基づいている。あらゆるオルタナ右翼の思想家の

ム・ファイなどによって設立される。

ジャレッド・テイラー
白人至上主義者のイデオローグのひとり。主催するウェブサイト「アメリカン・ルネサンス」で人種間の能力などの違いを認めるべきと主張している。日本に生まれ16歳まで育ったため、日本語が堪能。

オキシデンタル・オブザーバー
白人至上主義の学術誌「オキシデンタル・クォータリー」のウェブ版。サイトと雑誌の編集者であるケビン・B・マクドナルドは、元進化心理学の大学教授。

名誉毀損防止同盟
世界最大級の反差別のための国際組織。

なかでも、ランドはもっともオルタナ右翼とだけ定義するのに難しい人物だ。かつてはラディカルで左派的な加速主義者に近い思想のときもあったし、今なお特異な思想をもっていて、簡単なカテゴリーには収まらない。テックに親和的なリバタリアン的急進右派は、ビットコインやシーステディング――アメリカの外海に独立した島国を作るというピーター・ティールの考え――、あるいは**トランス・ヒューマニズム**を右派のエリートに実装することに共通の関心を寄せている。

しかしもちろん、今日わたしたちがオルタナ右翼と呼んでいるものは、よくわからないブログの長々しい記事の形で表されていただけならば、メインストリームや若い新世代につながることはなかっただろう。オルタナ右翼に若いエネルギーを与えたもの、それは**4chan（のちに8chan）**という無礼なミームを作り出す工場がもつ、イメージとユーモアに基づいた文化なのである。そこには侵犯行為とハッカーの戦略があった。２０１１年の抗議運動で用いられたガイ・フォークスの仮面は、4chanの「**アノニマス**」集団に影響を受けたものであった。アノニマスの名前、リーダー不在の反セレブ的な倫理、およびネットワーク的なスタイルは、4chanのカオス的な匿名性に由来していた。ガイ・フォークスの仮面が登場した「Ｖフォー・ヴェンデッタ」のような成人向けのシリアスなヒーローコミックが、広いオンライン文化に影響を与えていた。

文化的マルクス主義
マルクス主義者のうちフランクフルト学派と呼ばれる人たちの思想やそれに影響を受けた反差別思想や運動が、ポリティカル・コレクトネスの名のもとに、従来の西洋文化を破壊しようとしているという考え。

寝取られ保守主義
Cuck（鳥のカッコウ）＋Conservative（保守主義）の造語。カッコウのメスは他の鳥の巣に卵を生む習性があることから転じて、浮気をした結果できた他人との子どもを夫に育てさせる女性のことをカッコウになぞらえる。ここから転じて、オルタナ右翼は、リベラリズムに染まった共和党主流派を

２０１０年台の初頭、インターネットを中心とする新しい抗議の波が右派と左派の共闘を可能にしたことを評論家たちは称賛していたが、ネットワーク的でリーダー不在のインターネットを中心とした政治における政治的根拠のなさは、今となっては無批判に賞賛すべきものではないように思える。アノニマスの活動は何年にもわたって、リバタリアン的な左派や右派、そしてその中間にあるあらゆる立場に一貫性なく同調してきたし、ジャスティン・ビーバーのファンからフェミニスト、ファシスト、サイバー・セキュリティのスペシャリストなどをターゲットにしてきた。まるで労働者階級が読むと低級扱いされてきたタブロイド紙と同じような倒錯的な自警団活動だった。

4chan、アノニマス、それらとオルタナ右翼との関係が含む一見矛盾したポリティクスを理解するためには、4chanの**政治板/pol/**を中心とした掲示板文化が徐々に右傾化していったことを思い出すことが重要である。それほどはっきりと政治的なものではないが、常に極端なものであった**ランダム板/b/**と比べると、このことがよくわかる。**AnonOps IRC**というチャットシステムに集まったリベラルでより犯罪的な「モラル・ファグ（正義派のアノニマス）」たちは、２０１０年から２０１２年にかけてアノニマスの注目度が高まるなか、警察にマークされ自由に活動できなくなりはじめていた。掲示板カルチャーのなかに左派寄りのリバタリアンが不在で

こう呼んだ。

新反動主義
これまでの民主主義的概念が、個人の自由と両立しないという認識のもと、リベラルな世界観を否定し、リバタリアニズム的な社会を構想する思想潮流のこと。啓蒙主義以降の民主主義社会を否定し、それ以前の弱肉強食の「自然状態」を理想とするが、その思想の背景にあるのは、テックカルチャーや経済の進展によるサイバー・リバタリアニズムである。

カーティス・ヤーヴィン
インターネット起業家のエンジニア。新反動主義のイデオローグのひとり。アメリカの民主主義は失敗したと公言し、リバタリ

あったことは、これによりリベラルなアノニマスが不在となり、反ポリティカル・コレクトネスのショッキングなスタイルによって、4chanに右派が流入する原因となった。

4chanは日本のアニメをシェアするユーザーたちとともに始まり、10代のクリストファー・プール（mootとして知られる）によって作り出され、アニメをシェアする2ちゃんねるというサイトがもとになっている。このサイトのスタイルに影響を与えたプールの主たる関心は、「**アニメ・死・触手・レイプ・売春宿**（Anime Death Tentacle Rape Whorehouse）」として知られる掲示板サイト「サムシング・オーフル」から着想を得ている。4chanは2003年の10月に開設され、2011年には、月当たりおよそ7億5000万のページビューを数えるまでになった。新規のユーザーはニュー・ファグ、古参のユーザーはオールド・ファグと呼ばれた。この板はとてつもない影響力をもったクリエイティヴな場として知られるようになり、悪ふざけやミーム、画像など、そこに「見つからないものはない」と言われていた。このサイトのカルチャーは、単にディープかつショッキングな仕方でミソジニー（女嫌い）であるのみならず、自らがオタク（ナード）であり、男性アイデンティティの「ベータ版」であるとして嗤う自己卑下的なものでもあった。このカルチャーを示すほかのものとして、戦争を題材にしたゲームや、『ファイト・クラブ』や

アニズムの超克として、サイバーテクノロジーによる君主制を提唱する。「大聖堂」とは、知的エリートやメディアの民主主義的なヘゲモニーのこと。君主制により、この秩序のリセットが必要と説く。

ニック・ランド
イギリスの哲学者。加速主義を提唱したことでも知られる。新反動主義の潮流を「暗黒啓蒙」と呼んだ。

ピーター・ティール
アメリカの起業家・投資家。PayPalの創業者。保守リバタリアンとして知られ、ドナルド・トランプの有力な支持者でもある。「自由と民主主義は両立しない」という彼の言葉は、ニック・ランドと

『マトリックス』のような映画も含まれる。レジストレーションもログインも必要なかったので、ほとんどすべての書き込みは「アノニマス（名無し）」というユーザーネームでなされた。

匿名性のカルチャーは、ユーザーたちが自分たちのもっともダークな思考へと向かう環境を助長した。キモいポルノグラフィー、内輪ネタ、オタクの隠語、血生臭いイメージ、自殺的、殺人的、あるいは近親相姦的な考え、レイシズムやミソジニーは、この奇妙なヴァーチャル空間での実験場によって作られた環境の特徴であるが、大部分のものは人を笑わせる類のものだった。プールは4chanのことを「ミーム工場」と呼んでいたし、実際それが数え切れないほどのミームを作り出し、メインストリームのインターネット・カルチャーへと流れ込んでいった。初期のもっとも有名な例は、おそらく「**ロルキャット**（LOLcat）」だろう。猫の画像を用いたイメージ・マクロで、「リックロール」――見た目はまじめなコンテンツへのリンクだが、クリックするとリック・アストリーが歌う「ネヴァー・ゴナ・ギブ・ユー・アップ」のビデオクリップへと移動してしまう仕掛け――がほどこされている。

4chan/b/のユーザーは、２００８年のタイムズ誌のオンライン投票でクリス・プールを年度代表人物にするような運動を進め、２０１０年には無作為に選んだ11歳のジェシー・スローターを選出しようとする集団でのネットいじめをおこなっ

ともに新反動主義のイデオローグとされている。民主主義により破綻した国家から逃れるためのフロンティアとして、サイバースペースと宇宙、洋上都市国家（シーステディング）の可能性を考え、実際にシーステディングのプロジェクトに莫大な投資をしている。

トランス・ヒューマニズム
科学技術によって、老いや死などの人間の限界を超えようとする主義や主張のこと。

4chan（のちに8chan）
日本におけるアニメやコミックの画像投稿掲示板「ふたばちゃんねる」に影響をうけた10代の日本のアニメファン、クリストファー・プールによって開設さ

た。ユーザーたちは彼女の名前と住所をつきとめ、嫌がらせをして、彼女がギャングスターラップを真似て喋るふざけた動画を投稿したときに、自殺するようそそのかしたりした。彼女の父親が狼狽した娘を守るために動画を投稿し、サイバーポリスを呼ぶと脅しても状況が改善されなかったのは驚くべきことではない。ユーザーたちの感情的な幼稚さに従うなら、ネット・カルチャーの知識が欠落していることは、4chanの上でいかなる残酷な仕打ちを受けても仕方ない、ということになる。それほど残酷ではないユーザーたちの集団的ないたずらとしては、「お誕生日作戦(Operation Birthday Boy)」がある。ひとりの年取った男が「人は誕生日パーティーを望んでいた」とインターネット上で告知したときのことだ。孤独な老人の訴えに感銘を受け、ユーザーたちはその男の名前や住所、電話番号を特定し、数百ものバースデイカードを送り、ケーキの注文やストリップ嬢の派遣をしたのである。

ニューヨーク・タイムズ誌では、マタシアス・シュワルツが4chan/b/を次のように説明している。

4chanのほかの板——旅行板、フィットネス板、ポルノグラフィー各種の板——にいる匿名の住人たちは、/b/板の住人たちを「ブタ野郎(/b/tard)」と呼んでいる。邪悪さ、狭量さ、トラフィックの量によって意見を変える点などから考えてみても、/b/板

れた匿名掲示板。当初は日本のアニメやアダルトコンテンツが中心のサイトだった。現在は、日本で2ちゃんねるを運営していた西村博之がサイトを譲り受けて経営している。8chanは、西村博之とともに2ちゃんねるの運営をしていたジム・ワトキンスによって運営されている匿名掲示板。「インターネットのもっとも暗い場所」と自ら説明するなんでもありのサイトで、Qアノンの匿名の「Q」の投稿は、4chanにはじまり、やがて8chanが舞台となった。

アノニマス
4chanで発生した、匿名の不特定のユーザーたちによるハッカー集団。宗教団体やアラブの春での反体制派の支援、ウィキ

のカルチャーはほとんど前例がない。/b/板の書き込みは、高校のシャワールームの一角のような、猥雑なパーティーラインのような、あるいは投稿はされていないが若者言葉すぎて理解できないスラングに満ちたコメントだけがあるブログのようなものだ。

「**ケック**(kek)」についてのオルタナ右翼の言及は4chan上で始まり、それはマルチプレーヤー・ビデオゲーム『ワールド・オブ・ウォー・クラフト』についてのプレイヤー同志のチャットでは「lol」と翻訳された。他方で、マット・フュリーの漫画『ボーイズ・クラブ』に登場する「カエルのぺぺ」は、ネット上の内輪の悪ふざけミームの雰囲気を圧縮したものであった。ケックはカエルの頭をした男の姿で表象される**古代エジプトの神**であり、「ケック教」と「ケックを崇めよ(praise Kek)」は、オルタナ右翼たちのアイロニーに満ちた宗教性を述べている。

しばしばニヒリズム的でアイロニカルな4chanカルチャーをより広いオルタナ右翼的流れと接続したものとして、両者は共通してポリティカル・コレクトネスやフェミニズム、多文化主義などに反対している点と、両者ともに匿名性とテックの無責任な世界に侵入している点があげられる。アメリカにおける、彼らの世界を侵害する女性に対する組織化された攻撃の初期の事例としては、技術畑のブロガーでジャーナリストでもあるキャシー・シエラを標的としたものがあった。シエラはサウ

リークス支援のための企業攻撃などを行っていた。

政治板/pol/
4chanの掲示板内の板のひとつ。polは"Politically Incorrect"の略。非ポリティカル・コレクトネスの意味で、もともとはあまりにも差別的な内容が4chanに氾濫したために、それらの問題のある投稿をここに集約し、いわば隔離するためにつくられた。しかし、その意図とは別に、さらに人種差別や女性差別などが盛り上がり、4chanでももっとも問題が発生する板となった。

ランダム板/b/
テーマが特に決められていない板ではあるが、エロやグロも投稿され、4chanではもっとも利用者が多い。

ス・バイ・サウスウェスト・インタラクティヴ・フェスティバル（South by Southwest Interactive Festival）のキーノートスピーカーで、著書もベストセラーだった。読者からのコメントをたしなめる呼びかけを支持したときに、彼女へのバックラッシュが爆発した。当時シエラの行為はインターネットの絶対的な自由を支持するリバタリアン的なハッカーの倫理を侵害するものとみなされた。シエラの事件以来、そうした呼びかけはスタンダードなものになった。シエラのブログへのコメントが、集団で彼女への嫌がらせや脅迫をはじめて、シエラのような女性たちもレイプや殺人の脅迫を普通に受け取るようになった。家族や住所の個人的な詳細がウェブ上に投稿され、悪意に満ちた返信には、首に縄がついた彼女の写真や、銃の照準が向けられた顔の写真、あるいは猿轡《さるぐつわ》をかまされた下着姿の彼女の写真など、フォトショップで加工された画像がつけられていた。シエラに対する個人攻撃はあまりに過激なものだったので、彼女は自分のブログを閉鎖して、人前で話す仕事から引退する必要を感じた。彼女はストーカーたちが脅迫を続けるかもしれないとブログに書き、自分が公の前での仕事から引退する理由を説明したが、それがまた、ネット上での**ギーク**たちによる新たな憎悪を生み出し、爆発した。

　今や著名なハッカーでありトロールでもある**アンドリュー・オーレンハイマー**（weevという名で知られている）は、シエラに対する攻撃に深く関与し続けていたと

AnonOps IRC
完全匿名でチャットができるネットワークシステムとソフトウェアの総称。

アニメ・死・触手・レイプ・売春宿
後述の掲示板「サムシング・オーフル」にあった、日本の成人向けアニメやコミックの画像やコラージュなどをテーマにしたエロ・グロなんでもありのスレッド。ここでいう「触手」とは、日本の成人向けアニメやコミックに頻出した、タコや架空の異生物などの触手によって女性が犯される作品や画像を意味する。

サムシング・オーフル
1999年に開設された掲示板サイト。ユーモアや皮肉を楽しむサイトであったため、4chanの

思われるが、シエラは虐待を受けている妻であり、売春婦だったという誤った情報をオンライン上で拡散していた。２００９年に、weevはアマゾンのシステムをハッキングして侵入し、同性愛に関する書籍をポルノに分類し直したと主張した。かつてはオキュパイ運動の一員だったにもかかわらず、彼は今でも定期的に反ユダヤ主義と反同性愛の主張をYouTubeに投稿し、胸に鉤十字のタトゥーを入れ、自らをアメリカ・ゲイ・ニガー連合（Gay Nigger Association of America）という名のインターネット・トロール政府の大統領に任命している。アメリカ・ゲイ・ニガー連合は大衆的なブログやその他のメインストリームの活動に対立するもので、真正のインターネット・カルチャーを破壊し続ける思想である。状況がどのように進展したかについて、シエラは次のように語っている。「わたしに起こったことは、今日ネット上でほかの女性たちに起こっていることに比べるとマシなものです……ものごとは徐々によくなるとわたしは思っていました。たいていの場合、それは悪化しただけでした」。

数年前から、インターネット空間とそのコメント欄がショッキングなレベルの女性憎悪を発展させ続けてきたが、ウェブ上の過激な女性嫌悪主義者（ミソジニスト）の趨勢を解説した初期のもののひとつに、**ヘレン・ルイス**が**ニュー・ステイツマン**誌（New Statesman）でフェミニストの書き手たちにインタビューしたものがある。

原型ともされる。

ロルキャット
4chanやサムシング・オーフルなどの掲示板で発生した、猫の画像に短いキャプションをのせたジョーク画像のこと。最初期のミームでもある。文字はたいていは短く、スペルなどもわざと間違えていることが多い。イメージ・マクロとは写真に短い文章をのせたジョーク画像のこと。

ケック
もともとは「ウォー・クラフト」のプレイヤーが使い始めたもので、英語のlol（「（笑）」）にあたる。同ゲームは、異種族のファンタジー世界を舞台とするため、それぞれのプレイヤーは種族の言葉で話す設定になっている。そのため英

ルイスはフェミニストたちが経験したことに光を当てた。フェミニストのブロガーでアクティビストである**キャス・エリオット**は次のように書いている。

2007年に戻ってわたしがウェブに書きはじめたときから受け続けた数々の悪態は、もしわたしが帳簿をつけ続けていたとすれば、今では数えきれないものとなっていたことでしょう。悪態と言っても、わたしが書いたものに同意しないコメントのことではありません――わたしは労働組合運動を経て、男子刑務所で働いていたこともあるので、ちょっとした冗談や激しい議論に耐えられないような繊細な女ではありません――そうではなく、それらは個人的で、たいていの場合、性的な悪態であり、わたしがやっていることに価値があるのだろうかと自問し立ち止まって考えさせるようなものでした。[…] わたしはどうやら、男性がレイプしたいと思うにはあまりにも醜いらしく、ある道具をどのようにわたしの様々な開口部に押し込むべきかを正確に説明する生々しい描写を読みました。

フェミニストのブロガー、**ドーン・フォスター**は次のように書いている。

わたしが出会ったインターネット上での最悪の嫌がらせは、ジュリアン・アサンジ

語でlolと入力すると別の種族のプレイヤーにはkekと表示される。

古代エジプトの神
kekという名前でカエルの頭をしたエジプトの神話の登場人物を4chanのユーザーが発見。カエルのぺぺとの類似性もあり、4chan発の宗教としてコアユーザーのミームとなった。

ギーク
オタクのこと。

の引き渡しについて書いたときのことです。［…］最初はショッキングでした。一週間後に、わたしの家の住所、電話番号、職場の住所と脅迫文が書いてある凶悪なメールが届きました。それから、高齢者向けの夜行バスを待っているとTwitterに投稿したところ、バス停でレイプされればいいと思っている連中がいるというリプライが入りました。

性についてのフェミニスト・ライターであるペトラ・デイヴィスは次のように書いた。

自分のアパートに手紙が届きはじめたとき、警察に調査を依頼しましたが、警察は、挑発的な書き物をやめるようにと忠告しただけでした。やがて、わたしのところには、わたしがセックスワーカーとして働いている広告へとリンクするメールが送られてきました。その広告では、最初のページにわたしのアドレスが掲載され、その上には「彼女をファックして叫ばせろ、汚らわしいあばずれだ」、「一晩中レイプしてわたしを切り裂いて」という文句と、切り裂かれた女性の性的なイメージがありました。ディスプレイの前に静かに座って、これらのイメージを眺めるのはきわめて奇妙で、他のこういった女性たちになされた暴力は、わたしにとってのレッスンであったことも

アンドリュー・オーレンハイマー
ハッカーで、極右サイト「デイリー・ストーマー」の管理人ともいわれている白人至上主義者。アップルの顧客リストをハッキングして逮捕され有罪判決で収監されたこともある。

ヘレン・ルイス
イギリスの女性ジャーナリスト。『女性の困難 フェミニズムの11の戦いの歴史（Difficult Women: A History of Feminism in 11 Fights）』などの著作がある。

ニュー・ステイツマン
1913年創刊のイギリスの政治・文芸雑誌。かつてヘレン・ルイスは同誌の副編集長だった。

わかりました……。もちろん、わたしはまもなくそのサイトへのアクセスをやめましたが、それ以来、わたしは完全に心を病み、どういう観点からであれ、セックスについて書くことをやめてしまいました。

ここで重要なことは、より広範なオルタナ右翼的な環境にある別のセクションが影響していることである――男性中心主義のインターネット・サブカルチャーと反フェミニズムの新しい男性中心主義のサブカルチャーが交わっている。これらのうち、一方には、典型的には西洋世界における男性性の凋落、および「**わが道を行く男たち**（Men Going Their Own Way [MGTOW]）」のような提唱団体に関連したものがあり、他方で、人間のシステムを「ゲーム」と見なし、社会的ダーウィニズム的な情報に基づいた、より攻撃的なスタイルの女性攻略法を推し進める者たちがいる。そして、これがまさしく、オルタナ右翼のもっとも幅広い勢力圏を形成した。それは「オルト・ライト（alt-light）」として知られるようになり、相互に影響するサブカルチャーがウェブ上で無秩序に拡散し、メインストリームへともたらされる一因となったのである。こうした動きはマイロのようなソーシャル・メディア上のセレブリティや、**マイク・セルノヴィッチ**のような花形ブロガーでありツイッタラーであるような人物を巻き込んだ。セルノヴィッチは男性性を肯定するガイド『**ゴリ**

キャス・エリオット
イギリスの女性ジャーナリストで労働組合活動家。ガーディアン誌などに寄稿する。

ドーン・フォスター
イギリスの女性ジャーナリスト。テレビやラジオなどで活躍する政治評論家。Facebook のＣＯＯの女性が、女性ながら大手企業で活躍するサクセスストーリーを書いた著作に対し、女性差別を肯定する内容として批判した『リーンアウト』は、ポストフェミニズムの論評として高く評価されている。

わが道を行く男たち
女性嫌悪の男性が集まるネットコミュニティ。現在の社会を女性中心主義ととらえ、その価値観からの

ラ・マインドセット（Gorilla Mindset）』を著している。他にも、Vice誌の副編集長であるギャヴィン・マキネス、ペペのミームを作成するゲーマーたちの一群や4chan流の屑ポスト投稿者たちもその影響下にある。彼らは保守主義の思想や政治に対する一貫したコミットメントをほとんどしないが、反ポリティカル・コレクトネス的な衝動および共通の美的感受性を共有していた。今日わたしたちがオルタナ右翼と呼ぶものは、まさしくこうしたバラバラの傾向の寄せ集めであった。これらは半ば独立して成長したものの、近年の文化戦争のあいだに、反ポリティカル・コレクトネス的文化政治の盛り上がりの横断幕のもとに集合したのだ。Tumblrのような女性優位の場所でアイデンティティ・ポリティクスが広まっていくのに対応して、4chanと結びついた無節操なトロール・システムが人々の間に強まった。これらは徐々に「**セーフスペース**」や「**トリガー警告**」をめぐるキャンパス政治の取り決めや、「**ゲーマーゲート事件**」やその他の論争のなかで高まりを見せ、ネットから現実世界へと伝播していった。

　ゲーマーゲート事件をふりかえり、まとめて語ろうとすると、脱力感に襲われる。この事件は、内輪ノリの議論や偏った情報、ヘイト・キャンペーンや分断、そしてビデオゲームについての論争というよりもむしろジェノサイド的な熱狂と呼ぶほうが相応しい。ここでは概要を書くにとどめるが、どちらの側も満足しないまとめで

離脱、反フェミニズムの思想をもつ人たちが集まる。その多くは女性中心社会からの離脱をモットーとしているため、大きな問題になることは少ない。

マイク・セルノヴィッチ
アメリカの極右ネット活動家。後述のゲーマーゲート事件で頭角を表し、過激な男性中心主義を唱えている。その後、陰謀論を支持し、後述のピザゲート事件以降も、政府や有名人に対し幼児人身売買に関与しているなどの主張を繰り返している。

『ゴリラ・マインドセット』
2015年に自費出版されたマイク・セルノヴィッチの著作。サブタイトルは「あなたの頭と心をどうやってコントロールし、

あることは疑いない。ゲーマーゲート事件の前段階で、フェミニストのゲーム批評家**アニータ・サーキージアン**は、自分がシエラのときのようなヘイト・キャンペーンを受ける側にいることがわかった。数百ないし数千の者が参加し、ゲーム世界の外部にいる人たちを明らかに当惑させる辛辣な批判が寄せられ、それが数年にわたって続いた。彼女の騒動の種はYouTubeで一連の動画を作成したことにある。それはアクセス可能でかつかなり穏やかな礼儀正しいスタイルで、フェミニスト的メディア批評の基本的な考えを視聴者たちに紹介するものであった。彼女の批評は、自らをゲーム好きと認め、かつゲームを検閲するよりはそれを改良したいと望む立場のもので、文学や映画の批評ならばまったく普通だとみなされただろう。文学や映画の観客や批評家は、議論にも慣れているし、比較的教養のある成熟した物言いにも慣れている。そこでは古典的ハリウッド映画の美的価値を認めつつ、それが性差別的だと言うこともできるし、異を唱えてもレイプや殺人の脅迫に直結することはない。彼女の動画はビデオゲームの検閲や禁止を要求していない。いくつかのビデオゲーム内に見られる、明らかに時代錯誤的な女性描写に対する批判はあるが、それも**チャーリー・ブルッカー**や**マーク・カーモード**といった他のポップカルチャーの批評家に見られるほど辛辣なものではない。

これが耐え難い犯罪と見なされ、サーキージアンは驚異的なほど陰湿な個人攻撃

健康と体力を改善し、お金を稼ぎ、思い通りの人生をすごすか」。自己啓発の本としてベストセラーとなった。

セーフスペース
差別や偏見、攻撃的な意見などに晒されないように保護された場所。特に大学などの教育期間において、ふだんは安心して心をひらく時間を過ごせない人種・性・宗教的なマイノリティの居場所を意図的につくる試み。LGBTの活動から生まれたもの。

トリガー警告
ショッキングな内容が含まれる時に、事前に警告をするルール。映画や小説などの冒頭に付されることが推奨されている。大学の授業では、性的・

を何年も受け続けた。典型的なウェブ上のコメントとして次のようなものがある。「俺はお前をレイプして肉棒を頭に押しつけてやる」、「今お前を5人の男がレイプしたらさぞ面白かろう」、「オナニーしてお前の顔にぶっかけてやった」。あるいは4chanの古い決まり文句「**おっぱいを見せろ、さもなくば出て行け**(Tits or get the fuck out)」といったものだ。彼女のWikipediaのページは乗っ取られ、ポルノ画像やヘイトのメッセージが貼られた。彼女のソーシャル・メディアのすべてのアカウントをスパム、詐欺、ひいてはテロリズムとして大量に報告するというキャンペーンまで存在した。

DDoS攻撃によって彼女のウェブサイトをハックし、電子メールをハックしようという試みが何度もおこなわれた。ビデオゲームのキャラクターによってレイプされる彼女のポルノグラフィー的イメージが作成され、ある攻撃的な男性ゲーマーは、アニータの顔をパンチするゲームを作るまでに至った。そのゲームでは殴られたアニータの顔が血を流して傷つき、目も黒ずんで腫れ上がっていく。今日アニータをYouTubeで調べると、彼女をヘイトし、その名声やキャリアを破壊することに執拗にこだわる動画が数え切れないほどあることがわかる。これは主に、彼女がクラウドファンディング(Kickstarter)によるキャンペーンをおこない、この攻撃のせいで当初計画していた以上の金額を手に入れたという事実が基になっていた。忘れない

差別的内容が含まれるものについては事前警告して、これに耐えられない人は退席が許可される。

ゲーマーゲート事件
4chanを中心に男性ネットユーザーが、フェミニストとされたゲーム関係者の女性たちに、一年以上にわたり匿名で執拗な嫌がらせや誹謗中傷を続けた事件。脅迫や個人情報の暴露(ドキシング)など、大規模な人権侵害が行われた。

アニータ・サーキージアン
2013年にYoutubeで発表した「ビデオゲームにおける比喩と女性」という評論シリーズでは、スーパーマリオをはじめとするビデオゲームの女性キャラクターの表現を通じて、性差別がいかに固定

でほしいのだが、これらすべては、彼女がかつてから激しく主張していたように、性差別は「ゲーム・コミュニティ」内部の問題などでは決してない、ということを証明するためにおこなわれていたのである。

DDoSやドキシング［特定の個人情報をさらして集団による嫌がらせを可能にすること］といった、4chanユーザーが用いるネット掲示板（Usenet）由来のやり方が、反フェミニスト的ゲーマーによる攻撃の中心を占めるものとなった。反フェミニストのゲーマーゲート事件の観察を市場ターゲットにしたゲームには、戦争や暴力、テクノロジーを美化する傾向があるが、その一方でゲーマーゲート事件に先立つ数年間で、女性向けに監修されたゲーム市場も成長していた。これにとりわけあてはまるのは、『**ウォー・クラフト**』が何なのかを知らないティーンの女性を狙った『**キャンディ・クラッシュ**』のようなゲームで、このことは明らかに、自分たちこそが真のゲーマーであると自認する層をいらつかせた。ゲーマーゲート事件自体は、**ゾーイ・クイン**が『うつ病クエスト（デプレッション・クエスト）』というビデオゲームを作成したときに始まった。このゲームはゲームをしないわたしのような者にとってさえ、近年オンライン上に現れたある種のフェミニズムにおける、脆く精神病的な特徴を強調するひどいものに思えた。それは抑うつを題材にしたゲームの一種であり、そこではゲーマーゲート住人たちの憎悪の対象である、**社会正義の戦士た**

化されていくかを論じた。

チャーリー・ブルッカー
英のライター、映画・テレビプロデューサー、風刺作家。2012年にガーディアン紙で発表した「時に女性であることは大変だ。特にゲームの中では」という記事で、ゲームの中の女性のステレオタイプな表現について、皮肉交じりの論考を書いている。

マーク・カーモード
英の映画評論家。男性フェミニストであり、映画の女性描写に辛口な批評で知られる。邦訳著に『バトル・オブ・エクソシスト 悪夢の25年』。

おっぱいを見せろ、さもなくば出て行け
英文は「Tits or GTFO (Get

ち（SJWs）に関するあらゆるものが完璧にパロディ化されていた。
　とはいえ、彼女のトンデモなゲームには、政治的に共感する立場をとるインディーズのゲーム・ジャーナリストから肯定的なレヴューが寄せられ、それがゲーマーゲート伝説全体のための一種の触媒となった。ゲーマーゲート事件の解釈は立場によってわかれる。ゲーム・ジャーナリズムの倫理をめぐる戦いであるという人もいる。かたや、ゲーマー世界に参入してきたフェミニストや女性たちへの攻撃に対する口実だという人もいる。それでは、わたしがゲームについてどのように考えているか、その立場をはっきりさせておく。わたしは、もしあなたが大人なら他のことに熱中するべきだと思っている。これはフェミニストのゲームも同じである。フェミニスト向けのポルノと同じく、わたしは興味がない。しかし、人間の行動の基本原理をある程度理解していれば、誰でもこのことは理解できるだろう。つまり、クインの酷いゲームと偏向していると疑わしきレビューは、フェミニスト向けのゲームというイデオロギー的なプロジェクトであること。そして、このことがその後の狂った事件を引き起こした。ゲーマーゲート事件はひょっとしたら現在までのインターネットの歴史上もっとも大きな炎上かもしれないし、きわめて大規模な過剰反応かもしれない。そこでは誰もが他の誰かのことを嘘つきであるとか悪意があるなどと言って非難したのである。

the fuck out）」。4chanで女性を名乗る書き込みが現れた場合に、それを追い出すために使われた決まり文句。投稿者が女性と信じられていない場合もあれば、女性であったとしても追い出す場合もある。

DDoS攻撃
ウェブサイトやそのサーバーに、複数の端末やプログラムを利用して大量のアクセスを集中させ、機能を停止させてしまうサイバー攻撃のこと。

ウォー・クラフト
複数人プレイができる対戦型戦略ゲームの大人気作。ファンタジー世界が舞台となっており、「Kek」の語源はこのゲームから来ている。

クインの元カレであるエロン・グジョーニは、クインに騙されたと掲示板に投稿し、彼女への波状攻撃を誘発した。クインは彼女を敵視する者たちが家族や職場にリベンジ・ポルノを送りつけ、彼女のアカウントをハックしようとしたと告発している。言うまでもないことだが、クインはレイプや死の脅迫にさらされ、ドキシングされた。彼らは次に一連のフェミニズム・ゲーマーやゲーム批評家を攻撃し、**ブリアンナ・ウ**や**フェリシア・デイ**、**ジェニファー・アラウェイ**といった人たちはやっかいな目にあった。それぞれの場合において、脅迫や攻撃の性質が異なっていて、それについては数多くの互いに衝突する見解があったが、議論の余地のないものだけを取り上げるならば、インターネットができる前には児童殺人の犯人以外はほとんど使わなかったような酷いレベルの罵詈雑言を彼女たちが受け取っていたことははっきり言える。それらはあまりにも手に負えないものだったので、4chanの創設者であり匿名アカウントの代表格である**ムート**（moot）でさえ、ゲーマーゲート事件の話題を4chanでは禁止することになった。結果としてムートはサイトを離れ、ゲーマーゲートの連中はより無法の8chanへと移動した。

クインは、「バーガー&フライ」とよばれる4chanのチャットシステムのなかでおこなわれた会話をいくつか記録しているが、そこの利用者たちは、もっとも過激な女性蔑視的な言葉づかいと動機づけを示しながら、彼女の仕事を破壊しようと共

キャンディ・クラッシュ
モバイルアプリのパズルゲーム。モバイルゲームの代表作のひとつ。

ゾーイ・クイン
米の女性ゲーム開発者。2013年に『うつ病クエスト』を企画・開発。ゾーイの元恋人が、ゾーイがゲーム誌のライターに枕営業をしているとブログで告発した。この真偽不明の告発を信じた4chanユーザーの怒りからゲーマーゲート事件が始まった。

社会正義の戦士たち
（SJWs）
差別問題やフェミニズム、社会的な公平や公正を唱える人たちや、ポリティカル・コレクトネスを主

謀していた。このチャットでは、利用者は彼女に対する憎悪と嫌悪を表明し、彼女のキャリアを台無しにすることを考えては狂喜乱舞していた。彼女がレイプされて殺されることも夢想していた。ハラスメントの限りを尽くして彼女を自殺に追い込むことを彼らは望んでいたし、それに応えて酷い広告を出すという4chanの考えだけが、彼らのうちのいく人かに、そうしたことを彼らが望むべきではないということを説得するものだった。彼らはクインの偽のヌード写真を拡散し、それらがウェブ上でアーカイブされたものへのリンクを投稿し、クインの支持者たちに送った。クインの家族についての情報を掘り出し、彼女とつながりのある人なら誰であれ追跡した。クインの13歳のときの写真を見つけて、そこへのリンクを投稿した者もいる。彼らはゲーム・ジャーナリズムの倫理を熱心に追及した。しかしそれは、チャットのなかで、クインの女性器が「ワイド」で、「同時に12本のアレが入る」ほどであり、彼女はいく先々で「うんざりするほどチーズのつまったあそこ」から「スライムを流出させた跡を残す」などと議論して、あげくその臭いについて考察することにすぎなかった。

受賞歴のあるフリーのゲーム・ジャーナリスト、ジェン・フランクは、ガーディアン誌に「ビデオゲーム業界で働く女性の攻撃方法」という記事を執筆し、現在進行中のハラスメントを調査した。そこでは男性が支配する領域で働く女性に対して

張する人たちを揶揄する言葉。「ウォーク（社会正義に目覚めた人たち）」とほぼ同義。

ブリアンナ・ウ
米の女性ゲーム開発者。後に米下院議員選挙に立候補するも落選。

フェリシア・デイ
米の女優、脚本家。脚本・プロデューサーをつとめたネットドラマ『ザ・ギルド』では、ロールプレイングゲームに夢中になるゲーマー役を自らの体験をもとにして演じた。

ジェニファー・アラウェイ
米の研究者。ビデオゲームの社会学的な研究を続け、ゲーマーゲート支持者は単なるヘイトグループであるとの見解から、

おこなわれたトロールたちの酷いやり方が概括されている。

……最近誰かがわたしのメールと電話の履歴をハックしようとして失敗しました。すべて書くのも恐ろしいことですが、わたしは脅されている限り、悪い方向に考えてしまうと告白せざるを得ません。ここ9年間――その期間すべてではないけれど――わたしはこの業界で働いてきましたが、自分のことを完全な人間だと宣言したことは決してありませんでした。けれども、わたしの価値観や信条において、猥褻や罵詈雑言とはけっして「正常」なものや「許容できる」ものでもないし、「予想される」ものでもありません。だがそれと相反するものがあるのです。「おお、神よ、なぜそのようなことをなさるのですか、そんなことをして何になるのですか？　それをわたしに与えないでください、それをわたしに与えないでください」。ビデオゲームや仲間たち、そして仕事に対するわたしの臆面もない愛は、わたしに降りかかった恐怖という損害と衝突しています。

ゲーム・ライターであるジェニファー・ヘプラーも攻撃を受けていた。Twitterでは彼女に数百の酷いメッセージが送られ、彼女を「肥え太った女性器」だと言って脅迫に及んだ。フェミニストのゲーマーたちは、ライターのフェリシア・デイが男

様々な攻撃の対象となった。

ムート（moot）
4chanの開発者・管理人であった、クリストファー・プールのハンドルネーム。サイトの方針を覆してゲーマーゲート関連の書き込みを4chanで禁止したため、これがきっかけで、4chanを西村博之に売却した。一方、ゲーマーゲートを語るユーザーは、新しくできた匿名掲示板8chanに移動した。

性のゲーム・ジャーナリストによって公然と「コンパニオン」のように解雇されたことについて批判を述べた。パトリシア・ヘルナンデスは、4chanを「ミソジニーの殿堂」と名づけて4chanの注目を集めた。エンサイクロペディア・ドラマティカには、彼女のコメントに触発されて4chanが作り出したミームを説明したエントリーがずっと残っているが、そこでの彼女は次のように描かれている。

太った不法入国者のような「ゲーム・ジャーナリスト」は、ソーセージみたいな指とジェイ・レノのような顎をしていて、「コタク（Kotaku）」というゲーム・ゴシップ・サイトのために働いている。この悪評高いサイトのおかげで、ゲーム・デザイナーは、良いレビューと広告のためにコラムニストと「寝る」ことができるのだ。パトリシアは有名なレズビアンかつ全体主義的フェミニスト（feminazi）であり、Kotakuの誇り高い伝統を継承しているが、その伝統とは、多種多様なゲームがいかにレイプを奨励し、実際に女性ゲーマーをレイプしているのかということについて無数の記事を書くというものだ。彼女が参加しているKotakuの「ジャーナリズム」のもうひとつの要点は縁故主義である。彼女の太った手で書かれる記事の数々が、彼女と同棲しているガールフレンドについてのものであるということがここから説明できる。

コタク（Kotaku）
ゴシップやリーク記事も多いが、リベラルな観点からのゲーム批評も掲載される。そのため、反フェミニズムサイドからの批判も多い。サイト名は「オタク」から来ており、かつては日本語版も存在した。

些細な点にこれ以上触れることをしない今の段階では、多種多様な嘘の非難を全部取り上げて、集団的な事件がどれだけ広がっていったのかを議論することはできないが、ここでの重要な点は、この熱狂が、インターネット上の異なった集団を統一させ、「4chanカルチャー」の戦略を、より広範なネット右翼へと拡げたことである。ゲーマーゲートはゲーマーたちや右寄りの掲示板文化、反フェミニズム、ネットでの急進的な右派をメインストリームの議論に近いものとし、それはまた、ほとんどが少年からなる若者たちのグループを広く政治化させた。彼らは文化左翼によって仕掛けられた文化戦争に対抗して戦うための考えに基づいて戦略を組織した。こうしたことが、ポリティカル・コレクトネスを奉じる批評家からフェミニズムによる過剰な文化十字軍に関心をもつ人たちまでの、あらゆる人を巻き込んだ。**クリスティーナ・ホフ・ソマーズ**のような信条を持つ人たちにも影響があった。彼女は『フェミニストの事実（The Factual Feminist）』というシリーズもののビデオをはじめた古典的なリベラルであり、そこではフェミニズムのなかのずさんな統計を暴露することを狙いとしていた。どこか礼儀正しさと快活さをあわせもったソマーズのような人たちはまた、非政治的なゲーマーであったし、「サウスパーク」的保守主義者であったし、4chanユーザーであったし、強硬な反フェミニストであったし、保守主義的なモラルの負荷をいささかももたずに極端に右傾化しつつあった若者たち

クリスティーナ・ホフ・ソマーズ
米の女性作家、哲学者。現代のフェミニズムが、男女平等を求めるというよりは、男女の違いを理解しないまま過剰な敵意をもちすぎていると批判。現在の主流のフェミニストからは反フェミニスト扱いされているが、むしろ保守的なフェミニストだという評価も。ゲーマーゲート事件の擁護者でもあり、白人至上主義者とのポッドキャスト共演などでは批判を集めた。

であった。マイロもセレブの座を射止めた。そして、それがゆえに転落の人生を歩む。究極的には、ゲーマーゲートの人たちは、甦ったフェミニズムの運動は文化を変えようと試みるものだと気づいた点では正しかった。その前線は彼らの愛するゲームであり、彼らはそれを取り戻すべく戦うことを選んだのである。それ以来、戦いは、賞金額が吊り上がった別の問題へと移っていったのだが、しかしそれは、文化戦争の戦線をインターネット上のより若い世代のためのものへと引き寄せる刺激にあふれた問題となった。

4chan、アノニマスなど、ゲーマーゲート以前のオキュパイとアノニマスの日々の文化が、別の道を進むこともできただろう。この「ギーク」「オタク」対フェミニスト」戦争のはるか以前には、リバタリアン的な左派の側にも彼らの立場に近いハッカーやPCマニア、あるいはインターネットを中心とした政治的な伝統があり、初期のアノニマス的な場所のいくつかは、明らかにこうしたものから影響を受けていた。TAZ（Temporary Autonomous Zone＝一時的自律ゾーン）という**ハキム・ベイ**の概念は「海賊ユートピア」と呼ぶものにもとづいている。彼の論じるところによれば、ひとつの永続的な文化ないしは政治を作ろうという試みは、個人の創造性を抑圧する構築されたシステムへと劣化していくことが避けられないという。彼の言葉や概念はアナーキズムに影響を与え、さらにのちに、違法ダウンロードや匿名性、

ハキム・ベイ
米のアナーキストの著述家ピーター・ランボーン・ウィルソンの別名。国家や権力から離れて自立した個人を可能にするためには、それに抗するための権力を打ち立てるのではなく、永続的な反抗を続けていくしかないとする。このTAZという考えはインターネット黎明期に生まれ、反体制的なインターネット・カルチャーに哲学的な影響を与えた。

サイバースペース独立宣言
米においてインターネットにおける表現の自由をどこまで認めるかが問題になったのは、1996年施行のポルノのネット流通を制限しようとした通信品位法の議論がきっかけ。これに対して、詩

ハッキングやビットコインのような実験を擁護するインターネット文化に影響を与えた。ジョン・ペリー・バーロウによる「**サイバースペース独立宣言**」の響きは、この初期の匿名文化にも見られるし、**ガブリエラ・コールマン**の著作のような、よりラディカルな水平主義的政治を反映した分析のなかにも見られる。バーロウは電子フロンティア財団（Electric Frontier Foundation）の創設者のひとりであり、無政府主義的ハッカーであり、ネットの世界に対する国家の介入や資本主義によるその統制、あるいはその独占から、インターネットの自由を守る人物であった。4chanあるいはアノニマスのレトリック（「**わたしたちはレギオンである**」）とよく似た文体で、その宣言は次のように警告している。

工業世界の政府よ、肉と鋼からなるくたびれきった巨人であるお前よ、わたしは精神の住処であるサイバースペースからやってくる。未来のため、わたしは過去のものであるお前にわたしたちを放っておいてくれるよう求める。あなたはわたしたちのあいだでは受け入れられない。あなたはわれわれが集まるところでは支配権をもたない。

だがそうではなかった。このリーダー不在の匿名インターネット文化は、挫折したか失敗したかした白人男性の男性性をひとつの大きな比喩とし、彼らの暗い思い

人のジョン・ペリー・バーロウは、インターネットは国家や権力から自由であるべきとして、検閲や規制に反対を表明した。

ガブリエラ・コールマン ハッカーや匿名掲示板など、インターネット社会特有の文化を文化人類学的なアプローチから研究を続けている。Qアノンの成立に関する研究もある。

わたしたちはレギオンである 元は聖書からの引用。「われわれはアノニマス。われわれはレギオン（軍団）である。わたしたちは許さない。忘れない。ご期待あれ」はアノニマスが使うキャッチフレーズのひとつ。

によって特徴づけられてきたのだが、そこには「現実の生活」への宣言があった。2015年1月の4chanには、次のような書き込みがある。

われらの同類の最初の者はアメリカの心臓に恐怖を打ち込んだ……。これは始まりに過ぎない。ベータ叛逆が始まったのだ。われらが兄弟の多くがこの革命の殉教者とならんがために武器をとるだろう。

ドラマチックで物知り顔の映画的なトーンは、ポストモダン調の距離感ある解釈から身を隠すオンライン文体に典型的なもので、結果として誰か普通の人がこれを文字通りに解釈しても笑われるだけだっただろう。けれどもこの書き込みは、オレゴンのローズバーグにあるウンプクァ・コミュニティ・カレッジで、クリス・ハーパー＝メルサーという名前の若者が、9人のクラスメートを射殺し、ほかにも9人に怪我を負わせてそれから自らを撃ち抜いたという実際のニュースを語るものだった。犯行の前夜、4chanの**/r9k/板**には、合衆国の北西部の投稿者たちに、その日は学校に行くのを避けるようにという警告が投稿された。そのスレッドの最初についたレスは「ベータ暴動がついに起こるのか？」という問いかけであり、その他の書き込みは匿名の投稿者を励まして、大量射殺のやり方を彼に教えるというものだっ

ベータ叛逆
容姿や地位などが恵まれた男性（アルファ男性）が生物学的に女性を独占し世界を支配し、下層のベータ男性は落ちこぼれて社会に行き場がないとし、アルファ男性と女性に対する暴力的な反抗が4chanの/r9k/板で呼びかけられ、ミーム化した。これが数々の事件につながっていった。

/r9k/板
うだつのあがらない日常のエピソードをひとり語りする4chanの板。そこから転じて、もてない男

た。

　2014年には、匿名の4chanユーザーが絞め殺された裸の女性の死体のように見える写真を数枚投稿し、それには次のような告白文がつけられていた。

> 誰かを絞め殺すことは映画で見るほど簡単じゃないことがわかった……。彼女の息子がもうすぐ学校から帰ってくる。彼は彼女を見つけて警察に連絡するだろう。警察がわたしを見つけるより先に、わたしは写真をシェアしたいだけだ。わたしは本物に見えるモデルガンも買った。警察が来たら、わたしはその引き金を引くが、それは警察を使った自殺になるだろう。ウソだと思うだろうが、ニュースをチェックしてくれ。では、これから携帯を処分する。

　のちに警察は、写真の女性が被害者のアンバー・リン・コプランであると発表した。ボーイフレンドであるデヴィッド・マイケル・カラックは、警察に追跡されてすぐに逮捕され、殺人罪で起訴された。

　4chanの反ポリティカル・コレクトネス的でタブーを破る文化は単なる「笑いのための」ものではないというさらなる証拠がほしいのならば、ミネアポリスでブラック・ライヴズ・マターを唱える抗議者5人が撃たれた後のことを見ればいい。関

や社会不適合者たちが集まり、一般社会の価値観を呪うような投稿も目立ち、やがてそこからインセル（後述）の溜まり場のようになっていった。もともとはロボット9000という、コピー&ペーストの投稿をできないようにするスクリプトを実験的に実装した板であったため、「r9k」の名称がついた。

係するふたりの男が、バラクラバ［目出し帽］を被って、ブラック・ライヴズ・マターの抗議集会まで車を走らせながら、こう言っている。「俺たちは/pol/板でみんなに早めの情報を伝えたいと思っていたんだ……『ホワイトであれ』とね」。

ほんの数年前まで、左派のサイバー・ユートピア主義者は「反感がネットワークとなった」と主張し、かつて地位を築いた古いメディアはもはや政治をコントロールできず、リーダーをもたずユーザーによって作られるソーシャル・メディアを基盤にした新しい公共圏が作られるだろうと述べていた。確かにこのネットワークは現実のものとなった、けれどもこれは左派にではなく右派に力を与えることに役立ってしまった。インターネットを中心とした、自発的でリーダー不在のネットワークを偏愛していた左派の人々は、ほかのあらゆる形態の政治活動が古臭いものだと宣言した。しかし、リーダー不在という形式は、実際のところ、関係する運動についての哲学的、道徳的、ないしは概念的な内容についてほとんど何も教えてはくれないということを認識できなかった。「リーダー不在」という真空のなかでは、ほとんど何も現れなかった。ある運動が、どれほどネットワーク化されていて、「侵犯的で」、ソーシャル・メディアに詳しく、あるいはヒエラルキーを拒むものであったとしても、当時**エフゲニー・モロゾフ**が警告していたように、歴史のあらゆる点において重要となるのは、考えの内容なのである。疑いないことだが、インター

エフゲニー・モロゾフ
ベラルーシ出身のテクノロジー評論家。著書に『The Net Delusion: The Dark Side of Internet Freedom（インターネットの幻想 インターネットの自由の暗い側面）』など。テクノロジーとネット社会の発展が、必ずしもよいことばかりではないという警告を発し続けている。

ネット環境は、周縁にある考えや運動の影響力を急激に増加させることを可能にした。そうした考えや運動が左派的な傾向にあったとき、政治的に左派に同調する論者たちは、インターネット環境が、わたしたちの「**歴史の終わり**」を乗り越えるための、新しく輝かしく魅力的な近道と見なすことができるという考えに強く誘惑された。だが、それ以降わたしたちが目撃したことと言えば、このリーダー不在の形式は、どれほど奇妙に思えるようなイデオロギーでも発信できるということだった。たとえそれが極度に右翼的なものであったとしても。

歴史の終わり
米の政治学者、フランシス・フクヤマの著書『歴史の終わり』から。ソビエト崩壊により、世界を進歩させてきた「歴史」が、民主主義の勝利とともに終了したとの考え。ここから先はイデオロギー闘争ではなく、小さな「物語」がせめぎあう世界になるとのこと。

第2章

侵犯のオンライン政治

The online politics of transgression

西洋の社会的リベラリズムにおいて、1960年代以来、侵犯は美徳として受け入れられてきた。ベル・フックスの『**侵犯のすすめ**（**Teaching to Transgress**）』に見られるように、この考えは今日でも適用されている。**キーラン・カシェル**によれば、侵犯という美徳は美術批評において非常に高く評価されているため、現代の芸術批評家は、「侵犯を無条件に支持するか、この傾向を非難して批評的保守主義という疑いのなかで時代遅れになるリスクを冒すか」という課題に直面しているという。これは偉大な芸術評論家**ロバート・ヒューズ**がしばしば直面した状況でもあった。だがカシェルは現代美術における侵犯の価値について、「非合理を追求するなかで、芸術は否定的で、不快で、ニヒリズム的なものになっている」と書いている。文学批評家**アンソニー・ジュリアス**も、結果的に「現代における侵犯への無反省な支持」が生じると指摘していた。

今日のインターネットにおける新しい右派的感覚は、従来の右派の延長に過ぎず、注目や区別に値しないと主張する人たちもいるが、それは間違っている。今日の右派も絶えず変化しているものの、それが主張される初期の重要な段階において、カウンターカルチャー、侵犯、非同調の美学を取り込むその能力は、その主張の性質、およびそれが対抗するリベラルな体制について多くのことをわたしたちに教えてくれる。それは、「**禁止することを禁止する！**」という1968年の左派のスローガ

『侵犯のすすめ（Teaching to Transgress）』
『とびこえよ、その囲いを　自由の実践としてのフェミニズム教育』というタイトルで日本語版も刊行されている。

キーラン・カシェル
アイルランドの芸術批評家。著書に『Aftershock: The Ethics of Contemporary Transgressive Art』など。

ロバート・ヒューズ
オーストラリア生まれの美術評論家。著書に『西欧絵画に見る天国と地獄』など。

アンソニー・ジュリアス
メディア法と名誉毀損を専門とする弁護士。ホロコースト否認に対する訴訟でも知られている。

ンと共通点が多く、伝統的な右派の一部として認識されるものとはほとんど共通点をもたない。わたしは、ぺぺのミームを投稿するトロールやインターネット上の侵犯者たちによって切り開かれたスタイルを、保守派やリバタリアンの他の右派運動の一部として解釈するのではなく、18世紀のマルキ・ド・サドの著作から始まり、19世紀のパリのアヴァンギャルド、シュルレアリスト、戦後アメリカに見られる女性的な同調への反抗を経て、映画評論家が1990年代の「男性の暴走映画」と呼んだ『アメリカン・サイコ』や『ファイト・クラブ』にまで至る伝統から、その正体を突き止めることができると考えている。

　新しいインターネット右派の「トロール的」感性を統一して表現するためにマイロが好んで使う言葉は「侵犯的」というものだ。彼は決して説得力のある保守派ではないが、「最高のセックスは危険で、侵犯的で、卑しいものだ」とか、保守主義が「新しいパンク」なのは、それが「侵犯的で、倒錯的で、楽しい」からだ、などと言ったりする。彼はよくパンクとオルタナ右翼を比較して、考えられる限りもっとも広い意味でこの用語を使っている。オルタナ右翼とオルト・ライトの広範な環境で今日侵犯的なスタイルが気安く使用されているという状況は、それらの右派が表面的で歴史的に必然性を持たないものであり、結局社会主義左派と何らかの形で関連づけられることにさえなってしまうということを示している。

『Transgressions: The Offences of Art』など、文学批評の著作も多数ある。

禁止することを禁止する！
フランス五月革命のスローガン。

パフォーマンスの一部として鉤十字やナチスとの戯れを使用することには確かに前例がある。ボーカリストのイアン・カーティスが右派の政治思想を持っていたジョイ・ディヴィジョンは、第二次世界大戦中のドイツの収容所の売春宿の名前からバンド名をとった。1976年、セックス・ピストルズと一緒にいたスージー・スーは、鉤十字の腕章をつけていたことで暴行を受けた。彼女の意図はショックを与え怒らせることだったが、それがナチズムへの忠誠の宣言であったと主張する人はほとんどいない。戦後の英国においては、ナチズムと戦って亡くなった英雄たちへの畏敬の念のもつ重みや、爆撃と厳しい経済困難を生き抜いた多くの英国市民の苦しみがあったことは容易に想像できる。最悪の場合、この文脈を踏まえたとしても、腕章は、誰のためでもない子どもじみた無礼さを示したものと見なされる。せいぜいのところ、それはタブーを侵犯する典型的な前衛スタイル、あるいは戦後の体制に対する反抗として理解されるだろう。それは戦後の英雄主義を利用して女王と国に対する異議を抑え込もうとする体制に対して、二本指を立てて挑発することである。

Esquire誌のインタビューで、胸に鉤十字のタトゥーを入れている**ウィーヴ**（weev）［本名アウエルンハイマー］は、自分の感性についてジャーナリストに次のように説明している。

ウィーヴ
ハッカー。AT&Tのサイトをハッキングし、iPadユーザー11万人以上の個人情報を入手したことで連邦裁判所で有罪判決を受けた。ドキュメンタリー映画『ハッカー・ウォーズ』では、その活動がとりあげられている。最近では、大学など数千もの公共施設のネットワークプリンターをハッキングして、白人至上主義の雑誌のチラシを印刷させるなどの極右活動を繰り広げている。

ジェイミー・コクラン
1990年代後半から活動するトランスジェンダーのハッカー。ラスル同盟の主要メンバーのひとりとされる。

わたしはアウエルンハイマーと彼の友人の**ジェイミー・コクラン**と一緒にレストランにいます。コクランは「**ラスル同盟**（Rustle League）」というグループにいる口調の穏やかなトランスジェンダーのトロールで、グループの名は「トローリングとは人の懐を荒らしてやる（Rustle）ことだから」という理由でつけられました。彼らはトロールが何をするのかについて、自分たちのやり方をわたしに説明しています。「それは嫌がらせではありません」とコクランは言います。「それは風刺的なパフォーマンスアートです」。ティーンエイジャーを自殺に追い込むようなネットでのいじめは一線を越えています。しかし、トローリングは、コクランが「攻撃的なレトリック」と言う、より意識の高い仕事であり、その伝統はソクラテスやイエス、北欧神話のトリックスターであるロキにまで遡ります。アウエルンハイマーは自分をシェイクスピアのパックに例え、コクランは**レニー・ブルース**や**アンディ・カウフマン**を目指しています。彼らは、**カルチャー・ジャミング**という、現状をかき乱すことで人々に考えさせるアートについて語り、**アビー・ホフマン**について語ります。

重要なことだが、ブレット・イーストン・エリスの小説『アメリカン・サイコ』の映画化作品に登場するパトリック・ベイトマンのキャラクターは、『ファイト・

ラスル同盟
ハッキング集団。アノニマスのTwitterアカウントをハッキングしたことで話題となった。アノニマスのように、社会的正義を志向せず、いたずらなパフォーマンスのハッキングを繰り返している。

レニー・ブルース
米のスタンドアップ・コメディアン。50～60年代にかけて、政治、宗教、人種、性別などを扱った毒舌トークで人気を博したが、そのタブーなしの笑い故にたびたび社会的に批難を浴び、逮捕されることもあった。

アンディ・カウフマン
米のコメディアン。人気テレビ番組「サタデー・ナイト・ライブ」出演をきっクラブ』や『マトリックス』と並んで、4chanやその後のオルタナ右翼、オルト・ライトや反フェミニストのフォーラム内でもっとも一般的に引用される映画のキャラクターのひとりだ。この映画は、ポルノを執拗に視聴し、売春婦に対して性的暴力を振るい、ホームレスを楽しんで殺し、女性に対して性的拷問をおこなう、ナルシストで社会病質者の連続殺人犯の物語だ。小説におけるその性的拷問は、道徳的な限界を押し広げるという点で、サドに匹敵するほど並外れている。文学批評家のダニエル・フックスは、この小説がヘンリー・ミラーやノーマン・メイラーに続く文学スタイルに属するものであり、サドに由来する侵犯と性的統治の概念を使用し、性的攻撃と暴力を通じた反抗と解放の形態としてその概念を応用したと主張した。『アメリカン・サイコ』の衝撃的な性的暴力を巡る議論のなかで、この小説を擁護する主張のひとつに、著者が小説の終わりにある程度の曖昧さを残し、出来事が主人公の狂気の幻想に過ぎなかったという可能性を示唆したものがあった。右翼の4chanカルチャーのスタイルとまったく同様に、メタテクスト的な自己認識とアイロニーというトリックやレイヤーを通じて、解釈や判断が回避されている。

　モラルを侵犯する者を英雄的な個人として崇拝することはロマン主義にルーツをもつ。

　しかし、**サイモン・レイノルズとジョイ・プレス**が戦後の反逆的な男性性に関す

かけにブレイク。70〜80年代にかけて活躍するが、過激な女性蔑視の笑いなどで批判されることも多かった。

カルチャー・ジャミング
反マスメディアや反消費主義の立場から、ゲリラ的にアートや広告のスタイルを用いて批判活動を行うパフォーマンス。グラフィティ・アーティストのバンクシーもこの活動家のひとり。

アビー・ホフマン
米の政治活動家。ヒッピームーブメントや公民権運動のなかで頭角をあらわし、過激な政治的パフォーマンスで注目を浴び、「フラワー・パワー」運動のイデオローグとなった。

る研究『性の叛乱　ジェンダー・反抗・ロックンロール（Sex Revolts）』内で探究したように、侵犯者の崇拝は20世紀のカウンターカルチャーのなかで復活した。ノーマン・メイラーは、小説中でサイコパスを高貴な侵犯的存在として提示した。彼は当時のヒップスター（これは今日の髭にオイルを塗りたくるような人とはやや異なる意味合いを持っていた）を、社会的な慣習やメインストリームを無視する高貴なサイコパスという小説的伝統を借用していると見なし、架空のサイコパスを性的、社会的、道徳的な抑制から解放された象徴として捉えた。サイコパスは、芸術家と同じく、超自我よりもイド［快感原則に基づく無意識の領域］を、道徳的な制約よりも欲望を重視する。ドストエフスキーの小説『罪と罰』の反英雄ラスコーリニコフは「無価値な」老婦人を殺害し、一般大衆の道徳を超越する自分の権利を主張する。「他人の最大の苦しみは、常にわたしの快楽よりも値打ちがない」というフランスの作家モーリス・ブランショの言葉が、4chanや、その後にオルタナ右翼と融合した現代の侵犯的な反道徳文化のスタイルのなかに響き渡っている。

プレスとレイノルズの分析のなかでもまた、『カッコーの巣の上で』から始まり、ミシェル・フーコーの『狂気の歴史』やR・D・レインの『経験の政治学』まで、狂気は一貫して、この侵犯的なスタイルに含まれる非適応性として考えられていた。サド、シュルレアリスト、そして後にR・D・レインともっとも密接に関連した、

サイモン・レイノルズとジョイ・プレス
サイモン・レイノルズは英のロック評論家、作家。ジョイ・プレスは米のジャーナリスト、編集者。『性の叛乱　ジェンダー・反抗・ロックンロール』は共著。ふたりは夫婦である。

抑圧に反対する60年代の文化政治のなかで、狂気は創造的な源泉、メインストリームの規範の拒絶、反乱という政治的行為として考えられていた。シュールなものが、理性に先立つ創造的表現となった。侵犯的なカウンターカルチャーの伝統を特徴づけてきたイドの解放もまた、4chanのようなウェブサイトや、トローリングやタブーに抵触する反道徳的なユーモアの文化に特徴的なものだが、これもしばしば、当惑した外部の人にとっては、狂気や錯乱だと見なされる。

サイコパス的なこの考え方と、課せられた道徳の拒絶は、右翼のトロール文化の気質と美意識のなかで一貫している。ある4chan/b/の熱狂的なファンは、初期の自己説明のなかで次のように書いていた。

/b/とは、列の先頭にいる足の不自由な人に急ぐように言う人です。/b/は、車の事故を見るために最初に窓のほうに行く人です。/b/は、あなたの電話番号をショッピングモールのトイレの壁に書いた人です。/b/は、若くて魅力的な英語の先生にアプローチをかける、成績が悪くて浪人中の学生です。/b/は、パーク・アベニューをぶらぶらしていていつも何かを売りつけようとしている人です。/b/は、慈善団体に精液で汚れた服を寄付する人です。(…)/b/は、何日もかけて忘れたくなるような熱い近親相姦のなかの夢です。/b/は、自らのセクシャリティを固く信じて何でも発言する友人たちのなかのひとりにすぎません。/ɒ/は、EDではないのにバイアグラを試すのを好む男です。/ɒ/は、あなたの最初のデートについてきては一晩中邪魔をする親友です。あなたがデートで手に入れようとしている上品な女性が立ち去ると、/ɒ/は笑って酔っ払ったあなたを家に連れて行きます。あなたが目を覚ますと、/ɒ/があなたのために呼んだ数人の売春婦があなたの家にいます。/ɒ/は、いつもお互いのオナニーを見せ合うよう頼んでくる友人です。/ɒ/は、自殺者ホットラインに電話してアドバイザーに言い寄る男です。/ɒ/は、誰かが次に彼の部屋のドアをノックするときにはハードディスクの中身を消去していることでしょう。/ɒ/は、校庭に使用済みコンドームを置いておくような人物です。/ɒ/は、彼女が酔っ払ってるかどうかなんて大したことではないと頭のなかで囁く声です。/ɒ/は、いつもあなたのお母さんの胸を話題にする友人です。/ɒ/は、あなたが言ったことはなんであれ理解する唯一の人物です。/ɒ/は、アソコを舐めるために売春婦に金を払うがただそれだけしかしないような人間です。/ɒ/は、何度もあなたに触ってくる親戚のおじさんです。/ɒ/は、アニメポルノで見た何かを試したあと、治療のためにまだ入院しています。/ɒ/は、オナニー中にアナルをいじろうとしたときに感じる後ろめたさからくる喜びです。/ɒ/は、素晴らしい。

「英雄（an hero）」という表現は掲示板スラングのひとつとなった。ホイットニー・

フィリップスが自著『わたしたちが良いものを手に入れることができない理由(This Is Why We Can't Have Nice Things)』で述べているが、ミネソタ出身の学生ミッチェル・ヘンダーソンが銃で自殺したとき、ミッチェルの死を悼むMySpaceのメモリアルページに、ひとりの同級生が「ひとりの英雄が銃をとり、わたしたちすべてを置き去りにした。神よ、わたしたちはそれをもう一度取り戻したいと望みます」というメッセージを残した。4chanは、誠実な感情の傷つきやすさと文法的な誤りが混ざり合っていることを理由にこれを面白がった。彼のメモリアルページには失くしたiPodの言及もあったが、これがジョークに発展し、その結果、ヘンダーソンのMySpaceページがハッキングされ、別の人がiPodをヘンダーソンの墓に置き、写真を撮って4chanに投稿した。ヘンダーソンの顔が回転するiPodやハードコアのポルノの写真にペーストされ、彼の死は再演されてYouTube上に現れ、壊されたiPodも登場した。ミッチェルの父親は自宅でいたずら電話を受けた。電話の相手は「こんにちは、わたしはミッチェルのiPodを手に入れました」とか「こんにちは、わたしはミッチェルの幽霊です。玄関のドアが施錠されています。降りてきて開けてくれますか?」などと言っていた。

フィリップスはまた、アメリカのティーンエイジャー、チェルシー・キングがレイプされ殺害されたとき、彼女を探すために作られたFacebookページが彼女を悼

MySpace
2003年に米でスタートした初期のSNSサイト。音楽やポップカルチャーの情報交換に使われるなど、2000年代に影響力をもったが、その後、Facebookなどにユーザーを奪われ退潮、現在にいたる。

むためのメモリアルページに変わり、そしてこれらのページに対するトローリングが始まったことも参照している。トローリングのなかには4chanから組織されるものもあった。「この困った女がチェルシー・キングよりも多くのファンを獲得できるか賭けてみよう」というふざけたページが設立された。当時「**お悔み（RIP）トローリング**」と呼ばれた、4chanカルチャーに発するトローリングの一大ジャンルはこうして始まった。

自殺に対するフォーラムの関心から、「英雄」という語はある種の動詞として使用されるようになった。つまり、この語はしばしば匿名のユーザーたちの自殺願望を表す痛ましい表現の形を取るが、それと同時に自殺した者や自殺者に共感を寄せる者たちを嘲笑してもいる。フォーラムのユーザーたちは、議論の絶えないもっとも冷淡な場所にやってきて、匿名で自分の自殺願望を他の人に話し、そこでユーザーたちはおそらく半ば冗談のように自殺を勧められる。彼らはこのようにして、メインストリームのメディアで自殺が見世物になるときに知覚される感傷を拒絶し、その代わりにその感傷を自らの暗いスペクタクルとして再構築する。そこでは残酷さが哀れみに置き換えられる。しかしながら、自殺という行為と自殺者に対して無神経さを示すこと、その両方が侵犯の形式と見なされるのだから、両者はともに、内部においてて奇妙なまでに一貫しているこのインターネットの世界のなかに住処を

お悔やみ（RIP）トローリング
故人に対するイタズラや誹謗中傷行為のこと。RIPは、死者に対する冥福を祈るラテン語「Requiescat in Pace（安らかに眠れ）」の略。

見つけた。この新しい右翼的な侵犯の感性は、どのような考えやスタイルを引き寄せるのだろう？

ニーチェは、意図的かそうでないかはともかくとして、右翼的な掲示板文化に通じるものをもつ主要な思想家のひとりだが、彼は平和な道徳的秩序を侵犯し、その代わりに力への意志としての生命を賛美するよう主張した。結果として、ニーチェの考えはナチスから**リリー・ブラウン**のようなフェミニストまで、すべての人たちに訴えかけた。今日、ニーチェの反道徳主義はオルタナ右翼において強く主張されている。なぜなら、オルタナ右翼たちは、ニーチェが奴隷道徳として特徴づけたキリスト教的規範の否定を目的としているからだ。もう一方で、フロイトは侵犯を反文明的な衝動とし、本能的な意志の自由と、文明による必要な抑圧とのあいだの対立の一部として特徴づけた。侵犯に関するもっとも重要な理論家であるジョルジュ・バタイユは、至高性という概念をサドから受け継ぎ、服従を凌駕する自己決定を強調している。右翼の**chanカルチャー**はバタイユが意図していたものとは明らかに異なるにもかかわらず、これらの美学的な侵犯者という概念とスタイルが政治的なレベルで変換可能なものとされ、初期の/b/板のポルノに満ち溢れたショッキングなコンテンツや、後の/pol/板の反リベラルな侵犯行為のなかに影響している。バタイユは基本的な侵犯それ自体を崇拝し、サドと同様に、非生殖的な性行為を、

リリー・ブラウン
19世紀後半から20世紀初頭にかけて活躍したドイツの政治家でフェミニスト運動の指導者。出産保険制度や女性教育と女性のための住宅などの実現に取り組んだ。

chanカルチャー
4chanをきっかけに、匿名スタイルの皮肉めいたジョークやミームが流行した。匿名掲示板は、世界各地のアニメ、コミック、ゲームなどのファンによっ

道具主義に反対する至高性の表現と見なした。バタイユはそれを「留保なき蕩尽《とうじん》」と名づけていた。バタイユにとって、目的をもたない過剰な振る舞いは、プロテスタント的な道具主義的合理性の時代状況を侵犯するものだった。だがこれはまた、明白な個人的な利益がないなかで膨大な人間の努力が費やされる現代のミーム文化の感性を特徴づけるものでもある。

　お誕生日作戦や精巧なお悔みトローリング、これら両者を生み出した文化は、ある種の「望まざる贈り物」とでも言えるものとなった。この表現はモースの『贈与論』の曲解からなるものだが、インターネットが育んだ非目的的な共有文化を指す中心的な比喩として、初期のインターネット理論家も使用していた。シチュアシオニストの思想家ラウル・ヴァネイジェムの『日常生活の革命』において、モースの贈与の原理は、元々前近代社会における相互贈与システムを記述するために使用されていたものだが、動機なき破壊あるいは破壊するほどの気前の良さという純粋なものだけが道具主義を超越することができるという理由で、称賛されていた。ボードレールが「退屈の砂漠のなかの恐怖のオアシス」と表現したような「日常生活の貧困」に対して、シチュアシオニストたちは、ロマン主義から現代の侵犯的なインターネット文化にまで見られる、そこにある共通の感情を明確に説明し批判している。すなわち、アンニュイや退屈、あるいは無気力は、極端な侵犯という逆の力を

て立ち上げられたが、それらは「××chan」の名前がつけられることが多い。これらの潮流の総称がchanカルチャー。

必要とするという批判だ。こうした感情はしばしば抽象的なレベルを超えた。しかし、シチュアシオニストたちがより良い世界をイメージしていた一方で、侵犯的スタイルのニヒリスティックな実例が、60年代のカウンターカルチャーのなかですでに形を取っていた。レイノルズとプレスが主張するところによると、「マンソン・ファミリー殺人事件」は「良心と意識の枷を投げ捨て、イドのブードゥー的エネルギーが残酷に開花したことの論理的な帰結だった」。

この文化にあてはまるもうひとつの侵犯的概念に「カーニバル」がある。スタリーブラスとホワイトは著書『侵犯の政治と詩学』内で、カーニバルを階層(ヒエラルキー)と覇権(ヘゲモニー)に対する過激な侵犯の形態だと考えた。「グロテスクなものは、何が高いもので何が低いものかを示す両極を設定してきた支配的なイデオロギーに対する批判として機能する傾向がある」。これはまさしく4chanが長らく自らを説明してきたやり方であり、初期の「進歩的な」支持者たちが4chanを説明したやり方でもある。ただし、4chanの時代の支配的なイデオロギーは文化的リベラリズムだったので、そうなると「低いもの」はポリティカル・コレクトネスを無視した下品さ、無礼さ、ショック、攻撃性、あるいはトローリングを意味することになった。カーニバルはバフチンによっても理論化されたが、バフチンによるイデオロギー的に柔軟で両義的とも言える定義は、自分たちが何をしているのかについてのトロールの自己説明ときわめてよく似ている。

カーニバルの笑いはすべての人々の笑いである。第二に、それは普遍的な範囲を持っている。それは全員に対して、かつひとりひとりに対して向けられていて、カーニバルの参加者もそこに含まれている。世界全体が、滑稽な側面、陽気な相対性のなかで見られる。第三に、この笑いは両義的なものだ。陽気で意気揚々としたものであると同時に、嘲笑し、あざけるものでもある。

侵犯のこのスタイルは、政治的には明らかに保守的な右派にも前例がないわけではない。イギリスの保守派学生連盟は、「ネルソン・マンデラを絞首刑に」というポスターで有名になり、サッチャーの姿勢を柔和だとして批判したが、これはおそらく「寝取られ保守主義」という皮肉の初期バージョンだった。学生たちはリバタリアン的な考え方と権威主義的な考え方の両方をもっていたが、彼らは確かにバーク的な慎み深さからの脱却を成し遂げ、サッチャー時代のより強硬な面のいくつかを取り入れ、極右の考えに手を出すことさえあった。改革派左派の作家**クリストファー・ラッシュ**は、反文明的なものとしてのフロイトの侵犯概念を適用して、60年代以降のアメリカの消費社会の空虚なニヒリズムとナルシシズムを批判した。

クリストファー・ラッシュ
アメリカの歴史学者、評論家。著書に『ナルシシズムの時代』など。

だが、60年代以降、今に至るまで、侵犯の批評家は一般的に右派出身なのが典型とされてきた。ポスト産業社会の理論家ダニエル・ベルは、60年代の侵犯が影響していることについて嘆き、「同性愛、性同一性障害、肛門性交、そしてもっとも倒錯的なものとして、公然と口と性器の交接を見せることに対する強迫観念」について警鐘を鳴らした。60年代の侵犯的で不敬なスタイルには、右派が以前の文化戦争で嫌悪していたすべてのものがあった。フィリス・シュラフリーのような保守派の反フェミニストや**Commentary**誌のネオコンが嘆いた「敵対的文化」は、侵犯的な感性にそなわる破壊的な衝動に対して警告を発した。

フェミニズムと侵犯的文化政治との関係はさらに複雑なものだ。**第二波フェミニズム**は、ベティ・フリーダンの『女性という神秘（The Feminine Mystique）』に大いに影響されて60年代に出現したが、この運動は、右派によって、広範囲にわたる性革命であり、伝統、道徳的制約、家族を破壊する侵犯文化だと見なされた。「**ロー対ウェイド事件**」や**フィリス・シュラフリー**による「**平等権修正条項**」への戦いでは、フェミニズムはサドの侵犯の伝統の側に立っており、道徳主義を破壊し、イドを解放しようとした。しかしながら、一部のフェミニストにとっては、男性の侵犯的なイドは少し自由すぎるように思えた。「自由恋愛」における数々の不公平に対する批判や、60年代や70年代の反戦運動やその他の社会運動で女性が経験した偽善

Commentary
1945年創刊の米のユダヤ系オピニオン誌。当初はリベラル左派系で民主党寄りの論調だったが、アーヴィング・クリストルやノーマン・ポドホレッツといった編集や著者とともに、徐々に共和党支持に転じ、ネオコンの牙城的存在となった。

第二波フェミニズム
第二次世界大戦前から女性の政治権利獲得運動が中心となったフェミニズム運動から、60年代にイシューを拡大していった時期の、いわゆる「ウーマン・リブ」運動から始まる潮流のこと。伝統的な価値観と性差別が様々な生活のなかで行われていることを是正するとともに、公民権運動な

や不平等に対する批判が、カウンターカルチャーに対する批判として、フェミニストたちの著作のなかに見られるようになった。性革命によって生み出されたポルノ的文化は、すぐに80年代に、**アンドレア・ドウォーキン**や**キャサリン・マッキノン**などのフェミニストからもっとも厳しい批判を受けた。そしてやがて、ポルノに対する戦争を挑むフェミニストたちは、以前はフェミニズムを60年代の中心的な背徳として非難していた保守派とさえ手を組むようになった。

近年のネット上での文化戦争、および大学キャンパスや政治的な抗議運動にその余波がおよんでいるあいだも、フェミニストたちは、**スラット・ウォーク運動**や、Tumblrを中心に起こった、親トランス・親セックスワーカー・親倒錯者的な、セックスに肯定的な文化を受け入れようとした。しかし、右派と同じく、この態度は、スタイルとしての侵犯にそなわる、イデオロギー的に柔軟で、政治的に代替可能で、道徳的に中立な性質についての深い哲学的問題に直面している。すなわちこの性質は、性解放と同様にミソジニーをも同じくらい簡単に特徴づけることができる。ラッシュは理解していたことだが、進歩的な政治にとって、反道徳的な侵犯は常に悪魔との取引であった。なぜなら平等を主張することは、本質的には道徳的な主張なのだから。

好悪が分かれる存在である評論家の**カミール・パーリア**は、サドが人間の悪を生得

どと結びつきながら、女性解放のための社会変革を目指した。

ロー対ウェイド事件
人工妊娠中絶の権利を認めた1973年のアメリカ合衆国最高裁判所の判決と、ここから派生する数々の裁判と論争のこと。

フィリス・シュラフリー
米の弁護士で保守政治活動家。反フェミニズムの立場から、中絶や同性愛、男女の平等を求める平等権修正条項に反対する論陣をはった。

平等権修正条項
雇用や教育などにおける男女平等の権利をうたった米合衆国憲法の修正案のこと。70年代のウー

的なものとして描くことは、現代のフェミニズムの源流となったルソー主義的伝統に対する風刺の一形態だと主張した。サドの作品は性的暴力と家族や子孫に対する憎悪を特徴としたものとして有名であり、かわりにリベルタン主義と個人による支配という価値に基づいた暴力的な侵犯性を創造している。『ジュリエット』における「犯罪友の会」のルールのひとつは、「真のリベルタンは子孫を忌み嫌う」というものだった。パーリアは、サドによる子孫を産む女性の体の軽蔑、および異性愛者と同性愛者によるアナルセックスへの執着は、chanカルチャーに共有されたが、これらは単に同性愛的な衝動の産物であるのみならず、むしろフェミニストのシモーヌ・ド・ボーヴォワールが主張するような、「無尽蔵な生殖的自然への抗議」だと述べた。作家の**スーザン・スレイマン**は、次のように述べている。

サドの空想の背後にある根本的な欲望は、母親を積極的に否定することである。サドの登場人物における反自然主義は、生命の「自然な」源として認識される母親に対する憎悪と手を結んでいる。

サドがもつ侵犯的な価値観がミソジニーの文化に取り上げられ、教会に通う伝統的な保守主義を拒絶するウェブ上の反フェミニスト運動を特徴づけるものとなった

マン・リブ運動のなかで活発な推進運動が展開されたが、批准には至らなかった。

アンドレア・ドウォーキン
米の哲学者。ラディカル・フェミニストとして知られ、ポルノや売春などを性差別の観点から厳しく批判した。著者に『ポルノグラフィ　女を所有する男たち』など。

キャサリン・マッキノン
米の弁護士、法学者。著書『セクシャル・ハラスメント・オブ・ワーキング・ウイメン』などにおいて、はじめて「セクシャル・ハラスメント」の概念を提示したひとり。反ポルノ、反売春などの主張でも知られる。

という事実も驚くべきものではない。シュルレアリストたちに採用されたウイリアム・ブレイク派のモットーは「実現できないままの欲望を育てるよりは、むしろ赤子を揺りかごのなかにいるあいだにただちに殺してしまえ」というものだが、性的「至高性」としての支配と、良心の拘束からのイドの解放は、すべてこの侵犯の伝統に由来している。ニーチェがナチスに訴えかけたのと同じく、右派の反道徳主義を形成する手段として侵犯的な感受性が用いられ、オルタナ右翼のインターネット空間で女性や少数民族の人間性をあからさまに損なうことに口実と合理性を与えている。彼らが生み出した侵犯の文化は良心を解き放ち、第二次世界大戦以来保持されてきた、人種政治に反対するというタブーを犯したことによる潜在的な人的補償を真面目に考えねばならないという考えから解放する。60年代のサド的な侵犯の要素は、文明の破壊、堕落、そして虚無主義（ニヒリズム）の核心だとして何十年ものあいだ保守派から非難されてきたが、新しいインターネット右派からは異議申し立てを受けてはいない。むしろ、この新しいインターネット右派の台頭は、反道徳的な侵犯スタイルが完全に成就したものであり、左派の平等主義哲学や右派のキリスト教的道徳から決定的に切り離されている。

スラット・ウォーク運動
2011年カナダで、警察官が「女性が性的暴行を受けないようにするには、スラット（尻の軽い女）のような服を着なければいい」と公の場で発言した。これをきっかけに始まった、性犯罪を女性の服装のせいにすべきではないという主張のデモ行進のこと。

カミール・パーリア
米の社会学者、フェミニストの社会評論家。著書に『性のペルソナ 古代エジプトから19世紀末までの芸術とデカダンス』。

第3章 オルト・ライトのグラムシ主義者たち

Gramscians of the alt-light

インターネット文化戦争におけるトランプ派右派の主要人物2名は、ブライトバート・ニュース・ネットワークに「体制派保守主義者のためのオルタナ右翼ガイド」という題名の記事を執筆した。オルタナ右翼の核心について熱意を込めて書かれたこの記事は広く引用された。2名の人物とはマイロ・ヤノプルスと**アラム・ボカリ**であり、彼らはこの漠然としたオルタナ右翼の知的ルーツを、いくつかの主要な知識人や思想の潮流に遡って確かめ、この運動を相当好意的に描写し賞賛した。1918年に『西洋の没落』を書き、文明の衰退の言説に影響を与え、民族主義的で非マルクス主義的な社会主義と権威主義を提唱したドイツの哲学者オズワルド・シュペングラー、ニューディール反対派で深いエリート主義を持ちながらも否定できないほどの才能を持つアメリカの風刺家・文化評論家H・L・メンケン、現代の人間が暗黒時代に生きていると信じ、伝統主義と男らしさの価値を推進してイタリアのファシスト運動に愛された哲学者ユリウス・エヴォラ、資本主義を擁護する新保守主義を唱えるアメリカの超古典的保守派コラムニスト・批評家のサミュエル・フランシス、そして時に――これは重要なことだが――「右派のグラムシ主義者」と呼ばれることもあったフランス新右翼、こうした人物を彼らは選んで取り上げていた。

フランスの新右翼（ヌーヴェル・ドロワット）は、文化的および社会的変化が政治

アラム・ボカリ
ブライトバート・ニュースのライター。ゲーマーゲート事件を通じてマイロ・ヤノプルスと知り合い、マイロのゴーストライターとして数々の記事を書く。テック企業に関する暴露記事でも知られる。現在は自由オンライン財団の理事の立場で記事を書いている。

的変化に先行するというアントニオ・グラムシの理論を適用した。「政治は常に文化の下流にある」という**アンドリュー・ブライトバート**の言葉をマイロはしばしば引用した。ベルギーの極右反移民政党フラームス・ブロックのリーダー、フィリップ・デウィンターは、同じことを「イデオロギー的多数派は議会の多数派よりも重要だ」と表現した。

１９６８年以前、右派の見解では、「普通の人々」は依然として本質的に保守的であった。この考えは現代の体制保守派の「サイレント・マジョリティ」レトリックに影響を与えていることがわかる。フランス新右翼のグラムシ主義の狙いは、急進的なエリートや前衛の敗北によって大衆の伝統的秩序が回復するという見解を捨てて、代わりに60年代が一般大衆にどれほど深い影響を与え支配的になったかを点検することだった。このグラムシ主義的態度は今日のオルタナ右翼も共有している。

アンドリュー・ハートマンが90年代の文化戦争に関する著書『アメリカの魂のための戦い（The War for the Soul of America）』で述べたように、１９６８年のパリのラディカルな変革とニューレフトの台頭は、意気消沈した右派にとって、政治形態の変化が起こるより先に文化全体を取り戻さなければならないことを示す証拠となった。これにより右派の一部は「メタ政治」を追求し、政党政治や伝統的な政治活動を拒否するようになった。その代わりに彼らは哲学的基礎を再考し、「社会進歩」

アンドリュー・ブライトバート ブライトバート・ニュースの創業者。ユダヤ系アメリカ人。クリントン元大統領の不倫スキャンダルを暴露したネットメディア「ドラッジ・レポート」の運営に関わったのちに、自らのサイトを立ち上げるが、心臓発作で急死。資金面でサポートしていたスティーブ・バノンが経営を引き継いだ。

アンドリュー・ハートマン 米の歴史学者。その著書『アメリカの魂のための戦い 文化戦争の歴史』では、中絶、同性愛、フェミニズムなどの政治イシューを巡り、米が文化戦争ともいえる事態にあることを説いた。

を掲げる68年イデオロギーに対抗する新しい方法を作り出すことに着手した。その結果生まれたフランスの新右派は、多文化主義や差し迫った西洋の衰退についての関心の多くをオルタナ右翼と共有し、また政治領域全体からアイデアを取り入れ応用した。例えば、彼らは資本主義を強く批判し、代わりに地元の「オーガニックな民主主義」を推進した。

今日、政治形態よりも文化を変えることにもっとも成功した運動はオルト・ライト（alt-light）だ。彼らはオルタナ右翼とトランプ主義主流派のあいだの若き架け橋だった。インターネットでの右派の戦術はデジタル時代に合わせてアップデートされるとはいえ、彼らが戦略的に達成したことを説明するのにグラムシ主義者という言葉以上に適切なものは考え難い。文化に影響を与え、メディアと文化を通じて「**オヴァートンの窓**」を入れ替えることに基礎を置く運動として、彼らの成功を説明できる。

彼らは瀕死の状態にあったメインストリームのメディアを顧慮せず、インターネット文化と代替メディアをゼロから創り上げることで大いに成功した。ここで、わたしはオルト・ライトと呼ばれる人々をもっと近傍から眺めてみたい。それはトランプが勝利するより前に、膨大な観客を従え、主要な独立系ソーシャル・メディアの人物となった人々のことである。彼らはインターネット文化に影響を与え、最終

オヴァートンの窓
その時代や国家や場所などで、多数によって受け入れることのできる政治主張のこと。ここから外れるイシューは極端なものとみなされ、実現不可能になる。この政治のフレームは時代によって変わっていくこともある。

的にはメインストリームにある文化に影響を与えた。彼らはどのようにしてこれを成し遂げ、なぜそれがうまくいったのだろうか?

まず少し考えてみてほしいのは、近年の世代による、左派的視点から書かれた学術的および論争的な著作の量についてだ。これらの著作は、革命的社会主義左派のプロジェクトが失敗し続け不人気なままである理由を説明しようと試みている。文化産業、メディアのヘゲモニー、言説、ナラティブ、規範性、あるいは権力についての思想に関わるあらゆる学派は、明示的ないしは暗示的にこの問題を中心に据えている。エドワード・ハーマンとノーム・チョムスキーによる著作『**マニュファクチャリング・コンセント** マスメディアの政治経済学』は、執筆されて以来、左派のレトリックのなかで非常に支配的な地位を占め続けている。フランクフルト学派やシチュアシオニストは大学の理論科目で依然として標準的なものであり続けている。マルクス主義およびマルクスの流儀を汲むあらゆる学派のなかで、グラムシの学派はおそらく今日もっとも影響力があり、旧労働運動の衰退後のメディア時代において、メディアと文化を政治分析と実践の中心に据えている。

フォックス・ニュースからナショナル・レビューまでの保守メディアを含め、すべてのメインストリームのニュース機関が公然と反対していたにもかかわらず、2016年の終わりにアメリカ合衆国大統領に選出されたのは右派の候補者、ド

米の政治学者のジョセフ・オヴァートンが提唱した概念。

マニュファクチャリング・コンセント
マスメディアは無自覚のまま自分たちの存在とそのもとになるシステムを維持するために少数派や反体制派の情報や意見を過少に扱う。その無自覚のプロパガンダのもと、社会の合意形成がはかられている。このような主張のもと、国際情勢や内政の膨大な事例を分析した。

ナルド・トランプであった。マイロのような人物は、多数のウェブ上の視聴者がいるにも関わらず、選挙結果が出るまでは無価値なウェブ上の非主流派とみなされていたが、トランプと共にメインストリームにのぼる成功を収めた。

思い出してみよう。オバマ時代には、ミレニアル世代の文化的リベラルが、メインストリームの新聞やテレビの中心性が低下することによって生じた空白を埋めるために、新しいメディア・プラットフォームを持っていた。クリック数とコンテンツによるこの新しい世界では、彼らによる代替メディアは、**Upworthy**のようなときとして感傷的で良い気分にさせる**クリックベイト・サイト**や、Buzzfeedのような**リスティクル・サイト**の形で登場した。他のリベラルサイトである**Everyday Feminism**、**Jezebel**、**Salon**などは、かつて急進的で社会構築主義的なアイデンティティ政治だと見なされていたものと、過剰な感受性、感傷性とが奇妙に混ぜ合わされたものを提供した。

これらのサイトの掲げた見出しは、ほとんど自己風刺的なものだった。「あなたのヨガの練習が文化的盗用である8つのサイン」、「男性もフェミニストになれるが、それは本当に大変な仕事」、「体型を恥じることに対する19のもっとも驚くべき反撃」や、他にも男らしさの有害性、デブのプライド、ジェンダー中立的な玩具、道徳的かつ文化的に敏感な消費主義におけるジレンマなどについての記事が多数あっ

Upworthy
家族やコミュニティ、パートナー、ペットなどをめぐる、世界中の心温まる記事を集めたウェブサイト。公式サイトによれば、ウェブサイトは月間約1億人、SNSは約1700万人のユーザーがいる。

クリックベイト・サイト
ユーザーの興味を引くようなタイトルやサムネイルなどを使って、もっぱらクリックを稼ぎ、広告収入を増やそうとする目的のサイト。

リスティクル・サイト
読みやすい見出しと、ジャンル別リスト形式でまとめられた記事によって構成されるウェブサイト。「今、注目のミュージシャンTOP20」、「2025

た。ジ・オニオン（The Onion）のプロジェクトであるClickholeはタイムリーな風刺サイトとして登場し、「顔にクモが乗っている人々がもう聞きたくない10のこと」、「わが国はホットソースの名前に含まれる暴力に対して悩ましいほど鈍感になっている」などの馬鹿げたタイトルをつけて、リベラルなクリックベイト・スタイルを鮮やかに嘲笑した。

Upworthyのような、意図せずして面白く、容易に風刺されるサイトは、２０１３年のピーク時には１記事あたりFacebookから平均約７５０００の「いいね」を得ており、月間ユニークユーザー数は約８７００万に達していた。２０１５年には、リベラルなリスティクル・サイトBuzzfeedの記事は、ソーシャル・メディア上でBBCとフォックス・ニュースを合わせたよりも多くのシェアを獲得していた。これらはすべてリベラルで、ミレニアル世代に向けた公然のプロパガンダだった。

オルト・ライトはこうしたサイトやガーディアン、BBC、CNNを「左派」のメディアと見なし、「文化的マルクス主義」を擁護していると考えているが、なんらかの経済的「左翼」の政治勢力が可能性を見せたときには、リベラルなメディアソースがしばしばもっとも悪意をもって反対したことが明白に示された。リベラルなフェミニストであるジャーナリスト、ジョーン・ウォルシュは、バーニー・サンダースの支持者を「バーニーボットのキーボード戦士たち」と呼び、Salonが「バ

年にビジネスマンが読むべきビジネス書10冊」などの記事も多い。

Everyday Feminism、**Jezebel**
それぞれ、女性ターゲットの米のリベラル系情報サイト。特にフェミニズムに焦点をあてている。

Salon
１９９５年開設のウェブニュースメディア。ドットコムバブルの１９９９年にはナスダックに上場している。リベラル系の政治ニュースのほか、文化、芸能、食、マネーなどの情報も掲載。

Clickhole
The Onionは１９８８年創刊の風刺とパロディの雑誌。現在はウェブで

ーニー・ブロ（Berniebro＝バーニーの兄弟連中）が暴走　女性嫌悪の怒り爆発…」、「バーニー・ブロとまったく同じようにサンダースがクリントンをいじめる…」といった見出しによる「バーニー・ブロ」ミームを拡散する主要なプロパガンダのひとつとなった。また、Viceという雑誌は、空虚なヒップスター美学とポルノ的な侵犯のもっとも退廃的な組み合わせによってブランドを確立し、「ミソジニーの男性左派（Brocialist）を見分ける方法」などを発表した。選挙前には、ガーディアン紙は「ヒラリー・クリントンに忠誠を誓い、**テストステロン左翼**に立ち向かう時が来た」といった、滑稽でカルト的な言葉を使った記事を掲載した。

若い女性のあいだでバーニーの人気を示す圧倒的な証拠があるにもかかわらず、この神話は絶え間なく流布され、インターネット上での真実の領域に入り込むまでに至った。オールド・リベラルに属する成功者たちも介入することになる。例えばフェミニストの**グロリア・スタイネム**は、バーニーのファンであるこれら多数の女性は、単に男性の仲間を感心させようとしているだけだと主張した。イギリスでもほぼ同様の現象が発生した。ガーディアン紙はインターネット上の若者たちと手を組み、コービンとその支持者たちは悪意ある男性左派の潮流によって主に動機づけられていると中傷した。英国における女性問題についてのコービンの発言は非の打ち所がないほど清廉であるというのに。

記事を配信している。架空のインタビュー記事や事件記事、海外のウソのニュースなどで話題になったことも。

テストステロン左翼
2016年大統領選挙で、ヒラリー・クリントンに投票する人は男性ホルモンのテストステロンが足りない、と主張する医師が現れ、話題となった。ここから転じて、女性蔑視の左翼の意味。

グロリア・スタイネム
米のラディカル・フェミニスト。1963年にプレイボーイ誌のバニー・ガールの衣装が売りの直営クラブに従業員として潜入し、その性の商品化を告発する記事で有名になった。

そうなると、この時期、真の左翼的なオルタナティヴ・メディアはどこにあったのだろうか？　YouTubeでは、「**The Young Turks**」が３００万人の登録者をもち、典型的な動画の再生回数が10万から20万回という、数少ない本当に人気のあるトークショー・プラットフォーム・ビデオの作り手のひとつだった。イギリスの労働党員**オーウェン・ジョーンズ**は（後に反コービン派となったが）、一般向けのインタビュー動画を制作しはじめた。さらに左派的なものをあげると、**ジャコバン**誌（Jacobin）は間違いなくこの期間における印刷物での成功例であり、知的にもっとも興味深いメディア・プロジェクトだった。その理由は、ジャコバン誌がヒラリー支持のリベラルな中道左派の批評家にプラットフォームを提供したことにある。**アドルフ・リード**、**ウォルター・ベン・マイケルズ**、**アンバー・アリー・フロスト**、**コナー・キルパトリック**、**ライザ・フェザーソーン**などがそこに含まれる。ジャコバンもまた、主要な創設者ふたりがジャマイカとトリニダード移民の子どもで、そのロゴが**黒いジャコバン**に基づいているにもかかわらず、「ブロ」や「白人左翼」のための雑誌だと中傷されることは避けられなかった。

２０１６年には、ポッドキャスト「Chapo Trap House」も左派的コメディという形で登場した。この番組の売りは、右派のオンライン上でのアイデンティティ・ポリティクスを限界まで馬鹿にすることであり、また、そこまでではないにせよ、

The Young Turks
米のリベラル系の政治ニュースとオピニオン動画コンテンツ。２００２年にラジオ番組として始まったが、現在はYouTubeとTwitchをメインのプラットフォームとしている。

オーウェン・ジョーンズ
英のジャーナリスト。著書『チャヴ　弱者を敵視する社会』は世界中でベストセラーとなった。他にジェレミー・コービンの労働党党首選挙のルポ『少数ではなく多数のためにイギリス左派、理想への挑戦の軌跡』など。

ジャコバン
米の代表的社会主義オピニオン誌。２０１０年にウェブでスタートし、その後雑誌となった。２０

リベラル左派のポリティクスも嘲笑していた。イギリスでは、「**Novara Media**」が、フォロワー数は比較的少なかったものの、短く鋭いビデオコンテンツを制作していた。このコンテンツでは、ロンドンを拠点とする多文化的な視点から、左派の側でも試みられることが少なかった、黒人系とアジア系のイギリス人左派の声を拾っていた。「**Current Affairs**」もまた、リベラル左派と右派の両方を批判する、小さくても重要な左翼の印刷プロジェクトだった。

しかし、トランプ選出までの数年間、そしてオバマ政権全体を通じて、左派のほとんどが注意を払っていなかったのは、オルト・ライトが多層的なオルタナティヴ・オンラインメディア帝国を構築していたことで、それは上記の多くを凌駕するものだった。これは、ほとんど人が訪れない白人ナショナリストのブロガーから、より人気のあるカリスマ的なYouTuberやTwitterのセレブにまで広がっていた。ここにはスティーブ・バノンのような右派のアウトサイダーが含まれていて、彼らはブライトバートのようなメディアを作って、米国大統領の主要な戦略計画者になった。

YouTubeのビデオブロガーたちは、人気のある解説動画や「SJW［＝Social Justice Warrior　社会正義の戦士］に追従するコンピレーション」を大量に制作した。マイロのようなオルト・ライトのセレブは、Buzzfeedのようなリスト形式のサイトや表現の自由に反対する安全な言論空間におけるキャンパス・ポリティクスを通じて主流

10年代には、過去10年間でもっとも成功した米の政治思想出版誌と呼ばれた。

アドルフ・リード
米の政治学者。人種差別についての研究や社会主義的な主張で知られる。

ウォルター・ベン・マイケルズ
米文学の研究者・大学教授。著書に『シニフィアンのかたち　一九六七年から歴史の終わりまで』など。

アンバー・アリー・フロスト
米の女性ライター。ポッドキャスト「Chapo Trap House」の司会者。

コナー・キルパトリック
ジャコバン誌の編集者、ライター。

となったTumblr的アイデンティティ・ポリティクスの不条理を暴露することでキャリアを築いた。その一方で、皮肉なミームを作成する若い投稿者たちは、しばしば暗いchanカルチャー的な画像ベースコンテンツを制作する予備軍となっていた。彼らはゲーマーゲートのような局面で、あるいはマイロのような大物がバックアップを必要とする時ならいつでも容易に召集され、敵対者にまとわりついて嫌がらせをおこなった。

2015年以来、カナダの保守的なプロジェクト**The Rebel Media**は、YouTube用の高品質なビデオショーを制作してきた。番組にはVice誌の元編集者である**ギャヴィン・マキネス**や、スラット・ウォークやキャンパスの抗議活動での街頭インタビューを撮影し、抗議者を嘲笑するスタイルで知られる**ローレン・サザン**といった著名な人物が名を連ねていた。サザンによるこのスタイルは、インタビュー対象者が常に愚かに見えるように描くものであり、ティーパーティー運動の台頭時にリベラルメディアが完成させたジャンルをわたしに強く思い出させるものだった。保守的な**Sun News Network**に所属していた**エズラ・レヴァント**が率いるThe Rebel Mediaの動きは、コストを削減し、テレビの規制に邪魔されずに完全にインターネット上で運営するよう企画されていた。YouTubeチャンネルを立ち上げるためのクラウドファンディングは約10万カナダドルにもおよび、その後、公開されているす

ライザ・フェザーソーン
米のジャーナリズム学の教授。著作に『Selling Women Short: The Landmark Battle for Workers' Rights at Wal-Mart』など。

黒いジャコバン
黒人奴隷出身のハイチ独立運動の指導者のトゥーサン＝ルヴェルチュールのこと。

Novara Media
英の左翼系非営利メディア組織。2017年に活動を開始し、ウェブ、ポッドキャスト、YouTubeなどで情報発信を行っている。

Current Affairs
米の左翼系論壇誌。広告は掲載せず、定期購読を中心に読者を集めている。

べてのYouTubeコンテンツにアクセスできる月額８ドルの有料サービスを開始した。選挙後、Rebelは30日間で１９００万回のビデオビューを記録したと発表した。公式の数字によると、平均して毎日60万人以上がRebelのビデオを視聴していることになる。Rebelをソースとして再投稿された素材が他のYouTubeチャンネルに表示されていることを考慮すれば、数字はさらに高くなるはずだ。

ギャヴィン・マキネスのサブスク番組「How's It Goin', Eh?」は政治とコメディを混ぜ合わせたものだ。無料視聴できるのは、例によって、文化戦争の現在の出来事に関する10分間の番組だった。スコットランドの両親を持つイギリス生まれのマキネスは、ある種「サウスパーク」的な保守政治の感性を持っている。彼は「アナル・チヌーク」というパンクバンドでクリエイティブな人生を開始し、現在は「自由市場資本主義者」および「アナーキスト」と自称しているが、それはどこか信じがたく、少なくともそれと矛盾する道徳的保守の性質をもっている。彼はポルノの禁止と伝統的な結婚を提唱しているが、それにもかかわらず、過去の文化戦争で彼が提唱した保守的なロールモデルならば番組を放送禁止にしたであろう下品な性的言葉を使用している。Vice誌の編集者としての彼の役割によって、彼は流行に敏感な人たちのライフスタイルの提唱者のひとりとして言及されることになった。だが彼は、現代の職場での生活が女性を不幸にしていて、支配的なメディアのイデオロ

The Rebel Media
カナダの極右系ウェブメディアグループ。Rebel Newsは、白人至上主義者の寄稿やインタビューなどがたびたび問題になっている。その政治主張から、広告ボイコット運動もおこされており、大手の広告クライアントは掲載を控えている。

ギャヴィン・マキネス
Vice誌の元編集者にして創業者のひとり。２０２１年の米連邦議事堂襲撃事件で名をはせた極右団体プラウド・ボーイズの創設者でもある。

ローレン・サザン
カナダの極右系女性YouTuber。白人至上主義界のミューズとも言われた。元Rebel Newsのライ

ギーによって女性は太り、独身で子どものいない状態になっているという反フェミニスト的な主張によって、右派側の人物として有名になった。彼は「トランスフォビアは完全に自然なこと」と題されたエッセイを発表したが、その後、自身が共同設立した広告代理店スタートアップ「Rooster」のチーフ・クリエイティブ・オフィサー（CCO）を辞任せざるを得なかった。

Rebelのもうひとりの主要なスターであり、その後独立したローレン・サザンは、「西洋にはレイプ文化は存在しない」という看板を持ってバンクーバーのスラットウォークに参加したことで有名になった。彼女は皮肉で不満そうな声のトーンを持つ若いブロンドの女性で、ボックス・ポップスには最適だった。別の抗議活動では、サザンは「性別はふたつしかない」と叫び、その後、抗議者は彼女の頭に尿の入った容器を注いだ。サザンはまた、国際女性デーへの反応として、反フェミニストのTwitterユーザーが意図的に攻撃的な内容を投稿しオンラインでの自由な発言の権利を主張する「**The Triggering**」にも深く関わっていた。執筆時点で、わたしのYouTubeのおすすめに表示された彼女の抗議映像の再投稿版「社会正義の戦士たちが、言論の自由を冒涜する　ローレン・サザンに対する攻撃」は、約50万回の視聴回数を誇っていた。彼女はTwitterで23・5万人のフォロワー（当時）を持ち、時折Sky Newsのようなメインストリームのメディアにも出演している。そこで彼女は次の

ター。反イスラム、反外国人、反フェミニズムの過激な主張で知られていた。2019年に政治活動から引退すると表明。

Sun News Network
カナダの新聞メディアグループ。ウェブサイトやニュース配信なども行っていたが、現在はメディアのほとんどが売却されている。

エズラ・レヴァント
カナダのニュースキャスター、政治活動家。The Rebel Mediaの創業者のひとり。

The Triggering
反フェミニズム、反ポリティカル・コレクトネスの言論活動のこと。「トリガー警告」を皮肉り、あけすけな発言を予告なく

ように発言し、生放送で追い出された。

合法的な移民が今なお存在する理由がわかりません。日焼けを装うクリームを塗って小さなボートに乗り、シシリーの国境やシシリーのビーチにコーランを持って現れれば、移民として受け入れられるかもしれません。あるいはカラカスと一緒に国境を越えれば移民として受け入れられるかもしれません。

２００７年に保守派のコメンテーターであるアンドリュー・ブライトバートによって設立されたウェブサイト「ブライトバート」は、トランプによる右派文化戦争のキープレイヤーだった。ブライトバートにはまた、ブライトバート・デイリーニュースという日刊のラジオプログラムもある。これはおそらく右派のオルタナティヴ・メディアのなかでも唯一かつ最大のサクセス・ストーリーであり、それとともにマイロや編集者のスティーブ・バノンはアメリカ政治のトップに登り、アルム・ボカリのような人物たちも比較的無名の立場から大統領と会合をもつまでになった。バノン自身はこのサイトを「オルタナ右翼のためのプラットフォーム」と説明しているが、バノンはこの言葉を緩い意味で、すなわちヨーロッパのポピュリズム右派やアメリカのトランプ右派を合わせた、従来の体制に反対する右派という意

するという意味。

味で用いていることは明白だ。

選挙の後、Buzzfeedはスティーブ・バノンが2004年からバチカンに対しておこなった長いインタビューの記録を公開した。おそらくこれは彼の評判を破壊するための陳腐な仕込み記事だったと考えられるが、バノンはそのインタビュー内で暗いが魅力的な人物として現れ、Buzzfeedの多くのリスト記事の執筆者に比べて、非常に真面目かつ興味をそそる人物として映っていた。彼は「資本主義の危機」、世俗化、西洋のイスラム化、縁故資本主義の不道徳性、西洋のユダヤ・キリスト教遺産の破壊について語った。Buzzfeedの意図とは逆に、この記事が明らかにしたのは、米国の二大政党内のネオコンまたはネオリベラルの権力者層と極めて近い思想家ではなく、野心的なアイデアを持つ反体制の人物の姿であった。

ベン・シャピロは鍵となるメディア人で、彼は反ユダヤ主義を主張する強硬なオルタナ右翼との関係を嫌ってブライトバートから離れた。バノンの指導下で「ブライトバートはオルタナ右翼お抱えのウェブサイトとなり、白人エスノナショナリズムをポリティカル・コレクトネスに対する正当な反応として推し進め、コメント欄は白人至上主義のミーム作成者たちの巣窟となった」とシャピロは書いた。これによりシャピロに対する反ユダヤ主義的なヘイト運動が巻き起こり、シャピロはこれがマイロによって積極的に奨励されたと強く示唆した。彼の次男が生まれたとき、

ベン・シャピロ
米の右派系コラムニスト。元ブライトバート・ニュースの編集者。ユダヤ系。

シャピロは「あなたたち４人全員が焼却炉に行くように」というツイートやコメントを受け取った。シャピロに向けたマイロの数多くの嘲笑のなかには、シャピロの息子が生まれた後に黒人の赤ちゃんの写真をあげて、「息子が半黒人で生まれてきたのを見てしまったベンに祈りを。息子は既に彼よりも背が高い！」とツイートしたものもある。この発言は「寝取られ保守主義」というシャピロの新しいありかたを述べている。

キャシー・ヤングはロシア系ユダヤ人の米国市民で、Reason誌で活躍するリバタリアン的なコメンテーター兼ライターだ。彼女はかつてマイロとゲーマーゲートの同志だった。しかし彼女もまた、同じ反ユダヤ主義的で邪悪な要素が成長しても、右派を攻撃しないことで優位なキャリアにある人々から批判されず放置されているのがわかり、あまりにもオルタナ右翼に親密な人々との関係を断ち切った。マイロがスターとしての地位を高めていったとき、誰もがオルタナ右翼と呼ばれる若者たちの運動について知ることを望んでいたが、マイロはヤングの原理的な立場に激怒した。彼女とマイロがＢＢＣラジオでインタビューを受けたとき、マイロのファンは彼女を嘲笑し虐待した。だが、今日、マイロのキャリアが破壊され、彼が推進していたオルタナ右翼に対する無関心や、その失敗が喜ばれるなかで、ヤングは彼女の尊厳を保ち、はるかに賢明で原理的かつ鋭敏な批評家として浮上した。

マイロは間違いなく、親トランプのインターネット右派から現れた最大のスターだった。このイギリスのゲイのコメンテーターは、マイロ・アンドレアス・ワグナー（Milo Andreas Wagner）という偽名を使って、若いが一目でわかる保守的な人物としてキャリアをはじめた。イギリスのテレビニュースショーへの出演では、若くてやや内気な茶髪のマイロが、ベル＆セバスチャンのビデオに出てくるような格好で、ボーイ・ジョージとホストのデイヴィッド・ミッチェルと同性愛者の結婚について議論していた。彼は保守的なカトリックとして紹介された。その段階では、彼がどれほどのスターになるかはまったく分からなかった。彼は後にザ・カーネル（The Kernel）というテクノロジーについてのオンライン・タブロイド雑誌を立ち上げ、より現代的なテックとカルチャーのライターとしての自分を再確立した。２０１４年にゲーマーゲートを好意的に取り上げたことで、彼は大きな名声とセレブリティの地位を獲得した。他の誰よりもマイロは、オルタナ右翼に体裁の良い顔つきを与え、彼らの最悪のファシズム的な形態についても前向きな報道をおこなったが、自身はユダヤ人であり、ゲイでもあった。彼のキャリアを終わらせたスキャンダルの直前には、コメディアンのビル・マーのテレビ番組に出演し、25万ドルの書籍契約を結んでいた。

彼のグラムシ的右派の戦術と思想における真のメディア成果は、「**デンジャラス・**

デンジャラス・ファゴット・ツアー
全米の大学などで行われたオルタナ右翼向けの講演ツアー。反イスラムや白人至上主義的な講演内容が問題になり、全国の大学で激しい抗議運動が起きた。言論の自由の観点から、この抗議運動や講演内容は議論の的になった。

ファゴット・ツアー（Dangerous Faggot Tour）」にある。このツアーのライブストリームを見たなら、トランプの壁、ハーケンクロイツ、ゴリラのハランベへの言及でコメント欄が急速に埋め尽くされるのを目撃したことだろう。これらのビデオは数十万回視聴され、そこではマイロが米国と英国の大学を訪れて、政治的正しさ、フェミニズム、イスラム教、ブラック・ライヴズ・マター、そして西洋のリベラリズム全般を批判していた。インターネット上での論争を引き起こし、キャンパスの活動家が彼を禁止しようとすることで、彼は一種の殉教者的存在となり、そこには「マイロ！マイロ！マイロ！」と叫ぶ熱狂的なファンの群衆があった。Twitterからアカウント停止されたことも、同様に彼のキャリアの助けとなった。いかなる皮肉もなく純粋な白人至上主義のオルタナ右翼について、彼は「そうした人たちはそれほど多くはなく、本当に彼らを好むものは誰もいないし、彼らがオルタナ右翼で何か重要なことを達成する可能性は低い」と主張した。数か月後、彼が少年愛を擁護した数年前のインタビュー・クリップが右派自身によって発見され、彼のキャリアは破壊された。またその結果、ブライトバート・ニュース・ネットワークの多くのスタッフは、彼を雑誌から解雇しないならば会社を去ると述べた。彼が影響力を持たないと言っていたハードなオルタナ右翼は、今やかつてないほど強く自信を持っており、それとは逆に彼のキャリアは急落した。発覚後、リチャード・スペンサーは「マイロは終わった。引導を渡せ」とツイートした。

マイク・セルノヴィッチは、オルト・ライト環境下にいるもうひとりの主要人物であり、Twitterで22万2000人のフォロワー(当時)を持ち、右翼政治や男性の独断的な強さを扱う『ゴリラ・マインドセット』や『MAGAマインドセット』といった一般向けのガイドを出版している。彼はTwitter、Periscopeのビデオ配信、ブログ「デンジャー&プレイ(Danger and Play)」でメディア上での地位を築いた。このブログ名は「真の男はふたつのものを望む。それは危険と遊び。そのために真の男は、もっとも危険な遊び道具として女性を望む」というニーチェの有名な文句に由来している。ニューヨーカー誌に書かれたプロフィールによると、彼は最初の妻が離婚を申請した後に「デンジャー&プレイ」を立ち上げた。ふたりは法学部学生時代からの仲間だった。ロースクール卒業後、彼の妻はシリコンバレーで成功した弁護士となったが、セルノヴィッチは法学位を取得してからカリフォルニア州弁護士会に入会が認められるまで9年を要した。セルノヴィッチは妻が株で数百万ドルを稼いだこと、そして彼が離婚和解で「7桁」の金額を受け取ったことを認めている。セルノヴィッチはこれによって独立メディアを築く力を手に入れた。

この環境でのもうひとりの重要な人物は、「インフォウォーズ」の創設者で陰謀論者の**アレックス・ジョーンズ**である。彼のキャッチフレーズは「あなたの心を奪

アレックス・ジョーンズ
ラジオやポッドキャストの司会者で、全米でもっとも影響力がある陰謀論者。陰謀論のターゲットとなった人の遺族からの名誉棄損訴訟により、多額の賠償金により破産状態となっている。

う戦争がある！」というものだ。「アレックス・ジョーンズ・ショー」は全米でラジオ放送され、インターネットでも配信されている。彼は米国政府が**オクラホマシティ爆破**、９・11のテロ、そして偽の月面着陸を主導したと非難している。90年代に台頭した反資本主義・反グローバリゼーション運動の右翼版のように、彼はグローバリストが共謀して「新世界秩序」を作り上げたと信じている。南部貧困法律センターは彼を「現代アメリカでもっとも多産な陰謀論者」と表現し、シャツを引きちぎるような狂気じみたスタイルを笑って済ますことは容易いが、彼のYouTubeチャンネルは何百万もの視聴者を集め、今ではメインストリームの視聴者にまで届いている。

オルト・ライトが有名になりメインストリーム・メディアの注目を集めることにさえ異を唱える、厳密な意味で唯一のオルタナ右翼とも言える人物のひとりにリチャード・スペンサーがいる。オルト・ライトの成功も、部分的にはこうした人たちの最初の成功の結果として考えられる。彼は事実上「オルタナ右翼（alt-right）」という用語を案出し、「**レッド・ピル**（赤い薬）**を飲む**」という表現を、広範なトランプ支持者に通じる、より一般的なメタファーにした。スペンサーは、「人種とは血統と実際の種のあいだにある何かだ」と述べ、非白人のアメリカ人は「平和的な民族浄化」のうちに出て行くべきだという信念を持っている。トランプ選出後、オル

オクラホマシティ爆破
１９９５年に元陸軍兵がおこし、死者１９８人の犠牲者が出た、当時の米最悪の爆破テロ事件。単独犯の犯行だが、実は政府の自作自演だったという陰謀論の定番ネタでもある。

レッド・ピル（赤い薬）**を飲む**
オルタナ右翼に強い影響力がある映画『マトリックス』の中のセリフ。青い

タナ右翼の醜さと恐怖が露呈されたときでも、彼はメディアにとってある種の魅力を保っていた。彼がインターネット上のファシストにしては驚くほど若く、「こぎれいで」、洗練されていて、着こなしも上手であったことが理由のひとつであった。明らかに控えめなお世辞ではあるが、彼が典型的な「ひげをはやしたダサい人」というステレオタイプから程遠かったのは確かだ。

スペンサーは、オルタナ右翼が文化を通じて、米国の正式な政治的本流に浸透し続けるだろうと信じている。すなわち、トランプの下で不法移民の強制送還に焦点を当てることから始まり、徐々に移民を少なくして、最終的には白人のエスノステート（民族国家）を目指すことになるだろうと考えている。彼はかつてマザー・ジョーンズ誌（Mother Jones）に「わたしが生きているうちに保守主義は死んでいくだろう。問題は、誰がその後に右派を定義することになるのか、ということだ。わたしがしたいのはこのことだ」と語った。スペンサーは、レオ・シュトラウスの研究者としてキャリアをスタートさせ、修士論文はアドルノとワーグナーに関するものであったが、その後デューク大学の博士課程を中退した。彼の著作や講演からは、血と土のナショナリズムを求める、より知的でヨーロッパ的な渇望が感じられ、前衛的な演劇の演出家になりたかったと述べているインタビューもある。米国の消費文化を愛し、ビッグマックをむさぼり食い、ブッシュに投票し、ピックアップトラ

薬を飲めば、誰かにあやつられた夢のなかで平穏に生活ができるが、赤い薬を飲めば、必ずしも平穏ではないが、現実社会に戻ることができる。転じて、真実を知って目覚めること。

ックを所有し、戦争を支持する共和党スタイルの俗悪さについて、彼は吐き捨てるように軽蔑の言葉を語る。彼の文章スタイルは、家を出るときに外科手術用手袋をはめるような人物を思わせる。

スペンサーは質の高い反戦・反体制派の保守派雑誌アメリカン・コンサバティブ(The American Conservative)で働いていたが、極端な見解のために解雇された。その後、彼は**タキ・マガジン**(Taki's Magazine)に移り、そこで「オルタナ右翼」という用語を何度も使用した。選挙期間中にヒラリーが演説でオルタナ右翼を名指しすることで、スペンサーはついに主流メディアへの露出を成し遂げ、とりわけViceのようなリベラル左派の出版物に大きく扱われるようになった。

スペンサーは、トランプをアメリカの多文化的でフェミニズム的なリベラリズムの崩壊を加速させる人物と見なし、選挙後には彼を「現代のナポレオン」と呼んだ。トランプが選出された際、彼の組織である国家政策研究所の選挙後初の全国会議で、スペンサーは約200人の観衆に「ハイル・トランプ、ハイル我々の人民、ハイル勝利!」と挨拶し、数人の観衆がナチス式敬礼をおこなった。しかし興味深いことに、オルタナ右翼とトランプの同盟が、ファシスト的、ないしは少なくとも極右による人種主義的な計画をあからさまに宣言したこの事態は、マイク・セルノヴィッチのようなオルト・ライトの一部の人物の怒りを引き起こした。セルノヴィッチ

タキ・マガジン
2007年開設の米の右派系オピニオンサイト。白人至上主義やネオナチなどに関連する主張を掲載している。

はスペンサーと彼のフォロワーに反対し、スペンサーは「管理された対立」という政府プロジェクトの一部だと述べ、共和党の新保守主義（ネオコン）体制に反対するすべての勢力をファシストとして信用を失わせるための計略かもしれないと非難した。スペンサーと彼のフォロワーの映像が拡散した後、セルノヴィッチはオルト・ライトの「右を攻撃しない」という掟を破った。セルノヴィッチは反ユダヤ主義者の著名人**デヴィッド・デューク**を「堕落したギャンブラー」や「詐欺師」と呼び、白人ナショナリストのオルタナ右翼の核心のすべてを侮辱した。

こうしたソーシャル・メディア上の若い右派のセレブたちは、それぞれ異質ではあったが、メインストリームのメディアや政治の中枢に対抗する純粋な憎悪を通じて結びついていた。だが、トランプが成功し、彼らがメインストリームに突然露出しはじめるとともに、オルタナ右翼のより広い勢力圏内で、さまざまな分裂が即座に現れはじめた。もちろんこれは、メインストリームで急に成功を収めたマージナルな政治運動の歴史を知っている人にとっては、おなじみの古い話である。彼らのグラムシ戦略は、あらゆる予想を超えて成功してきた。だがその成功の多くは、政治やメインストリームのメディアが崩壊する混乱から生じたものだった。

ひとつ否定できないことは、伝統的なメディア、主たる政治制度、あるいはその他の制度的支援がないなか、彼らは既存のものに替わるほぼウェブだけのメディア

デヴィッド・デューク
米白人至上主義団体、クー・クラックス・クラン（KKK）の元最高幹部。1989年には下院議員を務めた。オルタナ右翼以前の米でもっとも著名な白人至上主義者。

コンテンツを通じて、自分たちの考えを広めることに著しい成功を収めたことである。インターネット文化戦争において、チョムスキーの「マニュファクチャリング・コンセント」に始まり、グラムシによるヘゲモニーおよびカウンター・ヘゲモニーの理論に至るまでの左派の思想をもっとも注意深く取り入れ、それをもっともうまく戦略的に応用したのは、右派だったように思える。

第4章
ブキャナンからヤノプルスまでの保守派文化戦争

Conservative culture wars from Buchanan to Yiannopoulos

政治的理念やスタイルという点で、オルタナ右翼、そのなかでもっともメインストリームの一派であるオルト・ライトは、歴史的には何と重ねて考えられるだろうか？　大統領選の期間中、マイロ・ヤノプルスは、「トランプこそが『**パット・ブキャナン**以来の、真に文化的な候補』であり、だからわたしは『ダディー［＝ドナルド・トランプ］』を愛しているのだ」と何度も繰り返した。ブルームバーグ（Bloomberg）の人物紹介では、彼は「政治のことは気にしていない」ことを認めていて、機会あるたびにこのことを繰り返し述べていた。だが彼は政治を形作る文化的な戦争には関心を抱いていた。

こうした見解とは逆に、わたしにとっては、この半世紀にわたって、政治は過度に空洞化し、純粋な文化政治にすぎないものになってしまったように思える。トランプとヒラリーの競争という醜い光景は、文化戦争としての政治の論理的帰結を表していた。リベラルが圧勝していたのは、トランプと新しいインターネット右派の出現までのことだった。このスタイルの政治では、彼らがどのような文化的政治をおこなうかの主張に比べると、政治指導者が実際に何をするかは、しばしばまったく二次的な事柄であるように思える。現代の政治では、リベラルな指導者は、ゲイの結婚に賛成している限り、ドローン爆撃を支持しても許される。他方で右派の側でも、レーガンやサッチャーの時代に見られたことだが、労働組合に相当な打撃を

パット・ブキャナン
米の政治評論家。ペイリオコン（伝統的保守主義）の代表的人物。孤立主義を主張し、１９９２年から３回連続して共和党大統領選挙予備選に出馬。トランプ大統領のキャッチフレーズ「アメリカ・ファースト」はもともとはブキャナンが使っていたもの。

与えるためならば、家族や安定したコミュニティを壊滅させる政策を制定することが歓迎された。ヤノプルスと彼に敵対するネット上のリベラルたち、両者は現代のアイデンティティ政治におけるふたつの対立する両翼だが、彼らがどちらも純粋な文化政治をおこなっていると言われても、特に軽蔑的な物言いとは見なされないだろう。

それにもかかわらず、ヤノプルスが述べた比較は興味深い。ブキャナンはおそらく、1992年の共和党全国大会の前におこなった「**アメリカの魂のための戦い**」を宣言したスピーチによってもっとも有名である。ブキャナンへの言及から、ヤノプルスが自身の反ポリコレ的でトランプ主義的なオンライン文化戦争と、90年代の保守派文化戦争とのあいだに類似性を見出していたことがわかる。ブキャナンのスピーチ自体は、彼以前の60年代の文化戦争と、その結果として保守派が苦しむことなった文化的敗北に対する反動であった。

新しいアイデンティティ政治の波は、近年の英語使用圏の世界を席巻している。ヤノプルスは、この新しい波に対して彼自身がおこなう高度なメディア上の戦争を、ブキャナンの時代の戦争の等価物として位置づけることで、自らをより広範な歴史の物語へと組み込んでいった。この物語のなかで、彼とウェブ上にいるトランプ主義者の新しいトロール右派たちは、60年代と90年代の文化戦争と同じくらい重要な、

アメリカの魂のための戦い
中絶、同性愛、フェミニズム、環境保護活動家などを批判し、米ではこれらをめぐる「文化戦争」が起きていると訴えた有名なスピーチ。

もうひとつの大きな流れを先導しているのだが、今回彼らの側には、若者たちによるネットサブカルチャーのクールさがあった。ヤノプルスのキャリアが小児性愛を擁護した罪深いインタビューの後で生き延びるかどうかはまだ分からないが、彼はトランプの選挙につながる数年のあいだに形成された文化戦争において、非常に重要な役割を果たした。「デンジャラス・ファゴット・ツアー」についてのヤノプルスの声明や発言とブキャナンの発言とを見てみよう。実際のところ、両者の文化戦争に、どれくらいの共通点があるだろうか？

ブキャナンの著書『西洋の死（Death of the West）』は、市場擁護論的近代主義のネオコンをライバル視する旧来の保守主義の考えに大きな影響を与えた。彼はネオコンを「グローバリスト、介入主義、開かれた国境のイデオロギー」と呼んだ。アメリカン・コンサバティブ誌を通じて、彼および彼と同じ考えを持つ反体制派保守主義者たちはイラク戦争に反対し、国際主義、自由市場、親干渉主義的な右派たちと多くの点で一線を画す立場をとった。トランプの選出よりもはるか以前に、ブキャナンは白人労働者階級を生来の保守主義者だと見なし、グローバリゼーションや新自由主義的な貿易協定に反対し、移民の取り締まりを推進していた。反ソ連的な左派の唯物論にルーツを持っていたネオコンに対し、ブキャナンは愛国心、国家、家族、コミュニティ、文化的遺産といった非唯物論的な問題を強調した。

ブキャナンは、多少の留保をしつつも、トランプを支持して「経済ナショナリズムの理念、グローバリズムの終焉、貿易におけるアメリカ第一主義、国境の確保、ひとつの国、ひとつの人々——わたしは今なお保守派の共和党員ですが、これは新しい拡大されたアジェンダです」と述べている。オルタナ右翼との関係について尋ねられたとき、ブキャナンは「彼らははるかに若い、基本的に20代から30代の男性たちです。そこから離れた知人たちもいます……離れた人は、『ジーク・ハイル』やその手のことには興味がない……だがメディアは飽きもせず、こうしたことが大好きだ」と答えた。

90年代の保守による文化戦争は、妊娠中絶、アファーマティブ・アクション、芸術、検閲、進化論、家族の価値観、フェミニズム、ポルノ、西洋的規範についての文化左翼による莫大な成果に対抗し、押し戻そうとするものであった。ブキャナンのスタイルは、共和党の主流派がリスクを冒してまで採用することを躊躇するほど攻撃的だったが、彼の文化戦争についての演説は、文筆と雄弁の両方において、否定しがたいほど優れた作品であり、それはアメリカ史上もっとも重要な演説のひとつに匹敵するものだ。この演説は、ロナルド・レーガンを擁護するものであり、自らの大統領候補の指名を逃した後で、共和党候補のジョージ・ブッシュ（父）を擁護するものだった。しかしもっとも重要なのは、これがより大きな文化戦争に従事するための呼びかけだったということだ。「この国では宗教戦争が進行中です。これは文化戦争であり、冷戦がそうであったのと同様に、わたしたちがどのような国家になるかということにとって、非常に重要なものです。これはアメリカの魂を賭けた戦いなのですから」。

ヤノプルスが体現した右派スタイルは、皮肉で不敬でタブー破壊的な4chanの文化と右派の政治との蜜月状態を表している。しかし、強硬なオルタナ右翼の批評家たちがしばしば指摘することだが、彼の見解の多くは、「トローリング」を除けば、古典的な自由主義にすぎない。保守的と自称してはいるが、彼自身やトランプ、右派の4chan、オルタナ右翼といったすべてが、英米の公的・政治的生活で連想される「保守的」という語で表されるような、教会に通う正直で平凡な家族的価値観に基づく保守主義とはかなり異なっている。

あらゆることに関するヤノプルスのインターネット的感覚は、スピーチの慣習やポリティカル・コレクトネスの文化に縛られることのない衝動の爆発である。それは聖書の学習よりもコメント欄での口汚いトロールの心性に近いものがあり、家族的価値観よりも『ファイト・クラブ』に近く、エドマンド・バークよりもマルキ・ド・サドの精神に沿っている。右派は経済戦争に勝ち、左派が文化戦争に勝ったということが時折言われるが、ウォルター・ベン・マイケルズが論じたように、アイデンティティの認識が、英米のリベラル左派を組織化し、より広い意味ではメインストリームの言説を組織化する原理として、経済的平等に対する勝利を収めたのである。

わたしはマイケルズに完全に同意するが、それに加えて次のことも主張する。すなわち、もっとも最近のインターネット右派の台頭は、右派のアイデンティティ政治が勝利したことを証明するものであり、かつ、侵犯とカウンターカルチャーという60年代左翼的スタイルを吸収したこと（それは左翼の勝利でもあるのだが）の証明でもある、と。放縦、個人主義、中産階級的ボヘミアニズム、ポストモダニズム、アイロニー、つまり究極的にはニヒリズムだが、これらは左派に対する非難として右派がかつて述べていたことだった。だがこれらはマイロの属していた運動を特徴づけてもいる。Tumblr型のアイデンティティ政治の台頭が社会主義または唯物論的左派の復活を示すものではないのと同じく、マイロの4chanの活動に影響を受けた右派の台頭も、保守主義の復活を示すものではない。

アンドリュー・ハートマンは、『アメリカの魂のための戦い』内で次のことを述べている。ブキャナンの演説のなかではソビエト共産主義の崩壊が言及されていたが、そこでは、冷戦後、アメリカの右派の敵は、ソビエトという外部にあったものから、ボヘミアン的で侵犯的で放埒なアメリカ内部のものになってしまった、と。

さらにこの演説では、レーガンがソビエト連邦の敗北を目撃したことよりも、60年代から生まれたものの敗北のほうがさらに重要だと述べられている。そこには批評家**ライオネル・トリリング**が言う、西側それ自身のなかにある「敵対文化」と呼ぶものも含まれている。

ブキャナンのような保守派が苦々しく記憶している60年代とは、カウンターカルチャーによってビートニクのボヘミアンスタイルが主流となり、パリからカリフォルニアまで学生反乱が勃発した時代である。トリリングの「敵対文化」は当時の右派を虜にしていた考え方で、既存の秩序に対抗し覆そうとする政治的・知的文化を意味していた。この文化は以前にあったものを破壊しようとするものであり、しばしば侵犯することだけを目的とした侵犯や無礼さによっておこなわれ、後にはより尊敬に値するアカデミズムという世界においてもみられるようになった。「敵対文化」は60年代以降のアカデミズムを乗っ取ったものを説明する用語となり、ヤノプルスもアカデミズムを千年来の文化的リベラリズムの根源にある問題だと確定するのだが、それでもこの文化は、頭角を現していく最中にあったヤノプルスが自分自身を説明する表現（侵犯的、破壊的、権力に対して真実を語る、嘘を暴く、といった表現）と驚くほどの類似性を見せている。

60年代の主要な思想家たちの関心は、体制に順応することへの反逆［＝反順応主

ライオネル・トリリング
米を代表する批評家。ニューヨーク知識人協会の会員であり、ユダヤ系知識人と反スターリン左派の寄稿で知られたパルチザン・レビュー誌等で活躍。「敵対文化」については、1965年の「Beyond Culture: Essays on Literature and Learning」などで論じている。

義」に向けられていたが、これは後の反ポリコレ的で不遜なインターネット右派の特徴でもあった。C・ライト・ミルズは、著書『ホワイトカラー　中流階級の生活探求』のなかで、戦後のアメリカを同調というディストピア的な鉄の檻として描写した。彼の読者は、反順応、個性、反抗のカウンターカルチャーを創造するという代替案や解毒剤を思い描いた。もうひとり、当時大きな影響力を持った反順応主義の思想家、**ポール・グッドマン**は、『不条理に育つ　管理社会の青年たち』のなかで、反権威主義、実験心理学、社会的制約やタブーの拒絶を提唱した。義務、労働倫理、官僚的な拘束、会社人間、スクエアなものへの反感がビートから生まれ、反戦運動や学生運動と融合してニューレフトを形成した。

ここでも重要なのは、トランプ派のインターネット右派が「文化的マルクス主義」と非難し続けているにもかかわらず、アメリカにおける反順応主義のカウンターカルチャー美学が、共産主義に対抗する文化戦争の一環として、後にアメリカ政府によって育まれたことだ。文化のソフトパワーをひそかに主導していた**文化自由会議**（CCF）を通じて、冷戦期の反共産主義リベラルは、反順応、自己表現、個人主義を利用して、集団主義者、順応主義者、生産第一主義者、そしてきわめて制限の厳しいソビエト連邦に対抗した。ソビエト連邦は、当時なお、軍隊合唱団、マーチングバンド、オーケストラ、バレエのような60年代以前の反個人主義的な文化

ポール・グッドマン
米の文芸評論家、作家。20世紀を代表する評論家といわれる。著書に『〈誠実〉と〈ほんもの〉近代自我の確立と崩壊』など。

文化自由会議（CCF）
The Congress for Cultural Freedom。CIAにより創設された、反共と自由主義の啓蒙のための文化団体。当時の知識人が共産主義に傾倒していたことを問題視し、日本を含む全世界の主要国に展開し、資金援助などを通じて、反共知識人のネットワークをつくった。

形態を崇拝していた。１９９２年にブキャナンが演説をおこなった頃には、冷戦は終わり、レーガンとサッチャーの時代の西側民主主義左派の経済プログラムは壊滅的な敗北を喫していた。しかし、アメリカのニューレフト内部の、社会的にも道徳的にも寛容で、侵犯的で反順応主義的な文化プロジェクトは、その時点で勝利したとともに、それが右派の焦土作戦のような自由市場経済と非常に快適に共存していたことが判明した。この融合は、ブレアとクリントンの時代にもっとも完全な形で表れ、反順応主義的な文化的身振りが多くの経済的問題を覆い隠していた。

最近のインターネット文化戦争は、右派内にも左派内にも多くの亀裂をふたたび刻んだ。今日の反トランプ的な保守は、オルタナ右翼から「寝取られた保守主義者」と見なされている。これは貪欲な非白人の敵に対して、受け身のまま妻を寝取られた夫という意味だ。ネオコン的で古典的なキリスト教右派は、フェミニズム、イスラム化、大量移民などに対してあまりにうまく接してしまい、それらを打倒できなかったとして、オルタナ右翼から嫌われている。「カエルのペペ」の投稿者や口の悪いマイロのファンとは大きく異なる人物として、たとえば英国の保守派コラムニストのピーター・ヒッチェンズのような人がいる。ヒッチェンズはトランプについて、「田舎者で、いじめっ子で、セクハラ男で、対立相手を刑務所に送ると脅すこの男……トランプ氏の下品さ、粗雑さ、彼が道徳や伝統、法律を軽蔑していることが理由で、わたしは彼をひどく嫌っている」と表現した。この意味ではトランプは、保守主義や、トランプに否定的だった**ウィリアム・F・バックリー**の**ナショナル・レビュー**誌（National Review）よりも、ヤノプルスやネット上のトロール右派の感性の近くに位置している。彼の選挙運動中、多くの保守派は「ネバー・トランプ」を表明した。

これらの亀裂を理解するためには、60年代のアメリカにおける文化革命の後、本当に文化左派に対抗することに成功したのは、古いスタイルの保守派（彼らの生き方全体が時代遅れで現代的でないと見なされていた）ではなく、知的に優れ、修辞学的に才能のある新保守主義者（ネオコン）だったことを思い出せばいい。これもまた反共産主義の冷戦左派のソフトパワーとしての文化自由会議プロジェクトの一環である**パルチザン・レビュー**誌（Partisan Review）が、**ノーマン・ポドレッツ**による「無知なボヘミアンたち」についてのエッセイを掲載した。そのなかでポドレッツは「ビート世代による原始主義と自発性の崇拝」は、「女性、仕事、訴訟に真剣に関わることができる理解不可能な連中を殺したいという」欲望を示唆していると述べた。

ハートマンが彼の著書内で説明しているように、初期のネオコンの多くは、1930年代にニューヨーク市立大学を通じて政治に関与したニューヨークのユダヤ系インテリだった。彼らは賢く、多くは労働者階級のユダヤ人学生で、最初は

ウィリアム・F・バックリー
保守論壇の論客のひとりだが、CIAに勤務していた経験を活かし、小説家としても活躍。スパイ小説の著書に『女王陛下よ永遠なれ』など。

ナショナル・レビュー
1955年創刊の米の代表的保守論壇誌。2016年の大統領選挙では、トランプを批判する論陣を張った。一時期、CIAの資金提供を受けていたとされる。

パルチザン・レビュー
1934年創刊の米の政治・文化評論誌。もともとは米の共産主義によって立ち上げられた左翼誌だったが、スターリン体制に対する批判から1950年頃には反ス

トロツキストとしてニューヨーク市立大学のカフェテリアの**アルコーブ**[1]で議論のスタイルを身につけた。そこで彼らはモスクワに忠実な共産主義の学生（彼らはアルコーブ[2]を占拠していた）と議論を交わしていた。後に右傾化する過程で、彼らはコメンタリー（Commentary）や**エンカウンター**（Encounter）などの雑誌で活動し、エンカウンターは反ソ連のソフトパワーである文化自由会議の文学的機関誌となった。この時期に**ガートルード・ヒメルファーブ**や**アーヴィング・クリストル**のような作家や論客が生まれた。

ハートマンはまた、彼らは右傾化しても、「戦闘的精神、包括的な宣言、左派ドグマへの疑念」といった、「決して衰えることのない思考習慣」を発展させたと書いている。彼らは諸問題を因果関係、内部論理、全体的な構造に関連づけて診断するマルクス主義的なスタイルを維持した。トロツキストであったことから、彼らには左派のドグマを批判する直感的な能力が与えられたが、これは教会に通うキリスト教保守の体制派にはできない方法だった。今日でも同様に、マイロを代表とするトロール的な右派は、現在の保守派ができない方法で新たなウェブ上のアイデンティティ・ポリティクスと戦うことができる。マイロたちはしばしば、彼らに対抗する左派よりも、侵犯や尖ったもの、あるいはカウンターカルチャーの価値を理解している。

ターリン主義の自由民主主義を支持するようになった。

ノーマン・ポドレツ
ユダヤ系の政治学者。ネオコンの代表的知識人のひとり。コメンタリー誌の編集長を務めていた。

アルコーブ
このカフェテリア（学生食堂）にあったスペースでは、1930年代から学生たちがピンポンなどで遊ぶ傍ら、日々政治談議を繰り広げていた。米政治史に名をのこす、アーヴィング・クリストル、アーヴィング・ハウ、ダニエル・ベル、ネイサン・グレイザーなどはここの常連。

エンカウンター
アーヴィング・クリストル

英語圏の文化戦争の言説における右派と左派の運動を構成するものは、自らを長らく再編成、再考、再構築してきた政治的指針に基づいている。とりわけ階級政治と社会的リベラリズムは必ずしも常に快適に共存していたわけではないし、社会的保守主義と自由市場経済も、ネオコンが政権を握って打開策を完成させるまでは、数十年間うまくいっていなかった。ハートマンが指摘するように、**ウィリアム・ジェニングス・ブライアン**のようなキリスト教の人物は、家族への関心と資本主義批判を結びつけたが、他方で60年代以前には、アメリカの中西部の急進派は、企業独占と縁故資本主義に対抗するポピュリストの旗印の下で組織されていた。多くの労働者が大恐慌を受けて労働組合に加入した。侵犯や文化的急進主義の考えは、この労働者階級の左派にはほぼ無関係であった。1962年の「**ポート・ヒューロン宣言**」、すなわち「民主社会を求める学生組織（SDS）」のマニフェストには、かなり毛色の異なるメッセージが含まれていた。それは「わたしたちはこの世代の人間であり、少なくともささやかな快適さのなかで育ち、今は大学に身を置いて、わたしたちが受け継ぐ世界を不安に見つめている」というものだ。1972年の大統領選挙では、アメリカ労働総同盟・産業別組合会議（AFL-CIO）は、民主党候補**マクガバン**の支持を見送った。マクガバンがアイデンティティ・ポリティクスに迎合したと見なされたのがその理由である。つまり、民主党による「新しい政治」の

などによって1953年に創刊された文芸誌。中道左派寄りの論調だったが、後にCIAから文化自由会議を通じて資金援助されていたことがわかった。1991年に廃刊。

ガートルード・ヒメルファーブ
米の歴史学者、ユダヤ系の保守主義の政治評論家。ニューヨーク市立大学の名誉教授も務めた。アーヴィング・クリストルの妻で、息子のウィリアム・クリストルは、ネオコンの論客として知られ、レーガン、ブッシュ（シニア）政権では首席補佐官を務めている。

アーヴィング・クリストル
米のユダヤ系の政治評論家。ネオコンの論壇を主

採用が、経済的不平等を中心とすることをやめて、アイデンティティ集団を政治の前面に押し出すことを目的としたことにその理由があった。

もう一方で、ニューレフトの思想家ヘルベルト・マルクーゼは、「必要性がない場合に革命を考えることが可能なのか」という問題を提起した。マルクーゼは「革命を要求することは、良い労働条件、より良い収入、より多くの自由などといった生活上の要求とはまったく異なる。生活上の要求は、既存の秩序のなかで満たされ得る。良い服、ストックが十分にある食料棚、テレビ、車、家などを所有している、あるいは所有することを望む人々にとって、既存の秩序を打倒することが、どうして生活上の必要になるのだろうか?」と問いかけた。マルクスの定式においては、資本主義はさらなる悲惨化を招くだろうから、都市の産業プロレタリアートは革命的階級となる運命にあるとされている。しかしながら、マルクーゼによれば、豊かな社会においては、現代世界のふたつの大きな歴史的な力であるブルジョワジーとプロレタリアートは「もはや歴史的変革の主体として現れてはいない」。この見解を共有する多くの人々は、労働者階級は革命的であることをやめて、むしろ反動的で文化的には保守的になりつつある一方で、人種、ジェンダー、セクシュアリティに基づくアイデンティティ運動はこれまで以上に急進的になっていると考えている。

学問業界では、「文化(論)的転回」が学問における急激な変化をもたらし、大

導したイデオローグのひとり。反スターリンのトロツキストからの転向組。「ネオコンのゴッドファーザー」ともいわれた。

ウィリアム・ジェニングス・ブライアン
米の政治家で三度大統領候補になった民主党議員。婦人参政権や累進課税などのリベラルな政策を主張し、帝国主義戦争を批判するなどした。のちに国際連盟を創設したウィルソン政権の国務長官。一方、熱心なキリスト教擁護でも知られ、反進化論の立場をとった。

ポート・ヒューロン宣言
SDSは60~70年代に強い影響力をもった学生のニューレフト運動団体。1962年の結党大会

学は文化を現代の議論の焦点とするようになった。これはまた、客観的真実を見極める実証主義的な認識論から、意味に重点を置く方向への変化を意味している。マイロと4chanにいる彼のファンのトロールは、時おり現実の保守派が使う反ポストモダン的な言語を用いようと試みるが、それでも彼らは多くの点でポストモダンの完璧な子孫であり、あらゆる発言は、偽のアイロニー、遊び心、そして多数の文化的な示唆と参照によって幾層にも覆われている。

人気があった時期のヤノプルスの主な敵は、何よりもまずフェミニズムだった。彼はTwitterでフォロワーに向けて、「フェミニズム」と「癌」のどちらを選ぶかというクイズをおこなったことで注目を集めた。後に彼は「フェミニズムは癌だ」というスローガンを採用し、それはTシャツのロゴとして販売された。彼はフェミニストは太っていると言い、お気に入りの侮辱文句である「レズビアン的」という語を使って繰り返し侮辱した。ここにヤノプルスとブキャナンには共通の基盤があるかもしれない。とはいえブキャナンと彼の文化戦争の仲間は、女性解放とゲイ解放が同じ病の一部だと信じていたのだが。ブキャナンの文化戦争演説では、女性とゲイは双子の敵であり、アメリカ社会の道徳的衰退を測る尺度として大きく取り上げられていた。ヒラリー・クリントンは過激派で、エスタブリッシュメントのベビーブーマーに対立する存在だという不当な評価を下し、ビル・クリントンとヒラリー

で発表された宣言では、外政面では、冷戦や核戦争の脅威を訴え、内政面では、人種差別や経済的不平等の問題をとりあげ、従来の米政治に強く批判的なものだった。

マクガバン
ベトナムからの撤兵を主張した民主党議員。大統領選では共和党の現職ニクソンに大敗した。平等権修正条項に賛成する立場をとった。

を攻撃して、次のように言っている。

友よ、これが過激派フェミニズムだ。クリントンとクリントンがアメリカに押しつけようとするアジェンダ——要求に応じた中絶、最高裁判所のためのリトマス試験紙、同性愛者の権利、宗教学校に対する差別、戦闘部隊の女性——その通り、これは変化だ。けれども、これはアメリカが必要とする変化ではない。これはアメリカが望む変化ではない。そして、これはわたしたちが神の国と呼んでいる、この国で容認できるような変化ではない。

エイズ危機が襲ったとき、ブキャナンは「かわいそうな同性愛者たち……彼らは自然に対して宣戦布告し、今や自然は恐ろしい報復をしている」と書いた。1969年の**ストーンウォールの暴動**と**ゲイ解放戦線**の出現は、保守派が深く嘆くような深い変化をもたらした。マイロも過保護な学生に対する運動の一部を担っていたが、学生の純潔を守るための「公共教育における生徒の監護権（**イン・ロコ・パレンティス**）」というポリシーを多くの大学が廃止したことは、当時の保守派にとって大きな損失だった。同性愛の受容はより広い範囲の性的解放の一部であり、マイロとTumblrに住むジェンダー流動性を敵視する者たちも異なる仕方で影響を受けてきた。

ストーンウォールの暴動
ニューヨークのグリニッジ・ヴィレッジのゲイバー「ストーンウォール・イン」に警察の手入れがはいったことをきっかけにおきた、数千人ともいわれるLGBTQの一般人による暴動。これをきっかけにLGBTQの運動が急進化した。

ゲイ解放戦線
ストーンウォール暴動後に先鋭化したゲイの活動家による同性愛差別反対運動のこと。全米各地のみならず国外にも支部ができた。

イン・ロコ・パレンティス
米では、公共教育において学校は親から生徒の監護権を委譲され、大学でも生徒は学校から私生

1966年にタイム誌は**性の自由連盟**を取り上げ、1972年には『**ザ・ジョイ・オブ・セックス**（セックスの喜び）』が出版された。性的革命の哲学者ノーマン・O・ブラウンは、フロイトの理論によれば、「多形倒錯」への欲望を抑圧することによって、わたしたちは「文明」と取引することを選択したのだが、それは誤りだったと主張した。

マイロはゲイ男性を称賛し、フェミニズムを軽視しようとするかもしれないが、ゲイと女性の解放は、ともに西洋文明の衰退を物語るものの一部として、保守的な想像力のなかで不気味な存在として現れてきたものだった。今日のオルタナ右翼に見られる衰退への強迫観念は、長く続く保守的な思想の流れに由来するものであり、エドワード・ギボンの『ローマ帝国衰亡史』のような本によって何度も惹起されてきた。18世紀のテキストであるギボンの著作は、ローマ帝国の崩壊を性的退廃に結びつけている。カミール・パーリアの著作は、マイロから大いに称賛されているが、同性愛、乱交、**ジェンダー流動性**と文明の衰退のあいだにある同じような因果関係に関心を抱いている。ネオコンのガートルード・ヒンメルファーブも、イギリスのビクトリア朝に関する自らの研究を通じて、西洋文明はただヴィクトリア朝の価値観によってのみ現代化の嵐を持ちこたえたが、その価値観も60年代にゲイ解放と性的革命によって崩壊したと主張した。

活のふるまいや言論や政治活動を制限されても合法とされていた。1961年に政治活動に参加した黒人学生がおこしたディクソン対アラバマ州裁判により、この一部が違法とされ、学校における私的事項や政治活動の自由が拡大した。

性の自由連盟
フリー・セックスを主張し大学を解雇された助教授のレオ・コッホらによって、1964年に結成された性の解放運動団体。ヌーディストの運動や乱交などにより、たびたび逮捕者を出している。

ザ・ジョイ・オブ・セックス
1972年に出版されたセックスの指南書。800万部の大ベストセラ

スピーチのなかで、ヤノプルスはパーティーや飲酒についてたびたび言及し、時にはドラッグ使用についての冗談を言うこともあった。ヤノプルスは、自分の同性愛、アナルセックスのジョーク、そして黒人の性的パートナーやボーイフレンドの多さを匂わせるようなことを言わずにはいられなかった。ポッドキャストでの**アン・コールター**との冗談まじりの会話のなかで、彼が両親に反抗していた頃、ドラッグの売人をしている黒人のボーイフレンドと一緒にベッドにいるところを見つかる情景を好んで想像していたと述べていた。ある大学でのトークでは、彼はブラック・ライヴズ・マターを挑発するために、警官風のSMコスチュームを着てペニス型の小道具を使っていたときの話をした。

彼が他者におこなう意図的で残酷ないじめ攻撃に対する批判に対しても、マイロは、ゲイのやり方は辛辣なものだと軽く聞き流した。4chanもまた、保守主義の産物というよりも性的革命の産物である。開始当初から、4chanには奇妙なハードコア・ポルノ画像や議論（ゲイ、ストレート、トランスジェンダー、そしてそれらの中間にあるすべてのもの）が溢れていて、セクシュアリティに関するあらゆる道徳的規範を嬉々として侵犯する文化が存在していた。

２０１６年にフロリダ州オーランドのゲイ向けナイトクラブでイスラム過激派による虐殺が発生した後、ヤノプルスは追悼集会に参加するために現地を訪れた。

ーになった。

ジェンダー流動性
性自認が固定化しておらず、男性と女性、さらにはどちらでもないと揺れ動いて変化すること。

アン・コールター
米の弁護士、保守政治解説者。過激な民主党批判や右派的な言動で知られる。著書に『リベラルたちの背信　アメリカを誤らせた民主党の60年』など。

彼はその機会を利用して、イスラム教徒の移民に反対する主張をするだけでなく、銃の所有を支持する主張もおこなった。後者はきわめてアメリカ中心の問題であり、おそらくイギリスの保守派にはほとんど関心を持たれない二次的な問題かもしれない。銃を支持する主張はもちろん右派にとって大きな魅力を持つであろうが、ヤノプルスはまた、ロバート・F・ウィリアムズの著作『**銃を持つ黒人**（Negroes With Guns）』のような急進的な前例にも関心を抱いていた。これはかつてブラックパンサー党や他の闘争的な黒人自衛集団に影響を与えたものである。

ポッドキャスト内でヤノプルスは、ミサに行くことがもっとも「パンク」な行動であり、メインストリームの一部として受け入れられる同性愛者は「退屈」な存在だとも述べた。ヤノプルスが戦ったインターネット上とキャンパス内での文化戦争において、同性愛者はもはや文明の衰退の先触れと見なされることはなく、非難の矛先はフェミニズムと多文化主義に向けられ続けた。逆に彼は右派固有の多くの考えを利用して、同性愛者を文明の救世主として位置づけた。キャンパスツアーでマイロは、同性愛者とは西洋文明をフェミニズムとイスラムから守るために高度に完成された守護者であり、そうあるべく遺伝的に決定された存在だと主張した。何十年ものあいだ同性愛解放に反対してきた多くの保守派は、共通の敵に対抗するためならどんな手段でも使うという名目で、マイロの同性愛擁護的で突飛な主張を突然

銃を持つ黒人
黒人の自衛のための武装を主張した書。1962年に出版。このあと、著者はキューバと中国に8年間亡命。同名のドキュメンタリー映画が2004年に公開されている。

受け入れた。しかし最終的には、若い反逆者を右派に引き寄せるという目的を彼が果たした後に、彼の過激で性的なコメントとキャンプ的な「同性愛的な美意識による」振る舞いはあまりにもリスクが大きいことが証明された。

マイロや彼の支持者とは異なり、ブキャナンはとりわけポルノに対しては検閲の支持を表明していた。彼は文化戦争のスピーチで「我々は、ポルノという生の汚物が我々の大衆文化をひどく汚染していることに対して、小さな町やコミュニティがそれを管理する権利を支持するブッシュ大統領と共に立ち上がる」と述べた。自由な発言の絶対視、下品な黒人の肛門性交を語るジョーク、「堅苦しい保守派」に対する無礼の擁護といったヤノプルスのキャンプな人格、そして彼の国際的で多文化的な背景は、ブキャナンのこうした考えからは程遠い。

ブキャナンはこの区別を認めて次のように述べている。

わたしにとってオルタナ右翼は主に、進歩的左派の保護主義、言語規制、および権威主義に対する文化的な反応です。進歩的左派が文化を支配していることに対する反応です。これは主として、トランプがそうであるように、わたしがそうであるように、進歩的左派が今日おこなっていることに対する反応です。それは90年代の宗教右派がしていたこと、つまり何を考え、何を言うことができるか、どのように意見が表現されるかを規制しようとしていることに対する反応です。

ヤノプルスが呼びかける文化戦争においては、ブキャナンと右派は、自由言論に反対しそれを取り締まる、主要な過去の存在だった。他方でアンドレア・ドウォーキンとキャサリン・マッキノンは、フェミニスト側からポルノの検閲を推進した。80年代と90年代におけるフェミニズムに対するバックラッシュの成功は、歴史的には滅びかけていた道徳的保守派との結託の結果として考えられる。それは西洋文化で台頭する性的自由主義に対する共同の挑戦であった。ウィリアム・F・バックリーの番組「ザ・ファイアリング・ライン（Firing Line）」で、バックリーはアンドレア・ドウォーキンとポルノ禁止について意見が一致した。仮に1968年に放映されたウィリアム・F・バックリー対**ゴア・ヴィダル**の悪名高いテレビ討論のなかにいたとして、マイロが政治的にどの陣容に連なるだろうかと想像すると、その立ち位置はおそらくヴィダルに近くなるだろう。ヴィダルの性的放埒主義と悪ふざけ的なゲイの修辞スタイルは、バックリーにとっては非常に憎むべきものだった。

オルタナ右翼は自分たちの運動をアメリカの主流保守主義に対する反動だと表現し、バックリー的な運動とネオコンに「深い連続性」があると言っている。スペンサーもまた「左翼は右翼であり、オルタナ右翼は新しい左翼だ」や「わたしたちは

ゴア・ヴィダル
米を代表する小説家・エッセイスト。同性愛者を描いた小説が高く評価された。自身も同性愛者で、放埒なトークでテレビでも活躍した。民主党支持のリベラルで、バックリーとはテレビ討論番組で何度もやりあい、ヴィダルはバックリーを「隠れナチ」、バックリーはヴィダルを「変人」とののしるなど、激しい口論になった。

不可能なことを考えている。わたしたちは思考不可能なことを考えている」とも述べている。**ラディックス・ジャーナル**では、オルタナ右翼はロシアの理論家アレクサンドル・ドゥーギンやフランスの新右翼アラン・ド・ブノワに言及しながら「第四の政治理論」という概念を導き出している。これはリベラル・デモクラシー、マルクス主義、ファシズムを統合して、それに取って代わるまったく新しい政治イデオロギーである。**ピーター・ブリメロウ**や**ジョン・ダービーシャー**のような、保守的な動きから追放されたと主張する右派の声は、オルタナ右翼の一部を形成している。ケビン・ディアンナが影響力のあるエッセイ**「保守主義の不可能性」**で説明したように、オルタナ右翼はその根本において政治的保守主義の体制に反対している。

オルタナ右翼はまた、バーク的な保守運動による制度構築や伝統保全の精神とは異なり、構築を申し出るより破壊することを求める。彼らは特に、アメリカ例外主義といった、アメリカ保守主義におけるもっとも貴重な部分を打ち砕こうとする。アメリカ例外主義の概念とは、アレクシ・ド・トクヴィルの『アメリカのデモクラシー』に遡るもので、血と土による国民国家アイデンティティではない、理念に基づくアメリカの独自の設立を説明するものだ。**ヴォックス・デイ**の「アメリカは理念ではない」という発言や、「理念がアメリカを築いたわけではない」といった**The Right Stuff**の記事、あるいは**VDARE**の「『提案された国家』という神話」など

ラディックス・ジャーナル
リチャード・スペンサーが編集長を務める白人至上主義のオピニオンサイト。２０２０年には同サイトのYouTubeチャンネルが、他の白人至上主義団体のチャンネルとともに凍結されたことも。

ピーター・ブリメロウ
米の白人至上主義の活動家。反移民を主張するVDARE財団の代表を務めている。

ジョン・ダービーシャー
米のジャーナリスト。人種差別的な記事を書いたことにより、ナショナル・レビュー誌を追放されたのち、反移民や白人至上主義の記事を多く書いている。元プログラマーで、数学者としての一

は、すべてがこの点を強調している。
　最終的には、ブキャナンはトランプを支持する超保守主義者の一員となった。かつてヤノプルスと彼が表現していたものの大部分を嫌っていた多くの人々は考えを改め、トランプという勝ち馬に乗るだけでなく、インターネット上の不敬な「パンク」右翼という新しいリバタリアンたちを支持することに決めた。ブキャナン的な保守の文化を守る戦いに敗れた彼らは、少なくとも自分たちの考えをもう一度聞いてもらうためには、セクハラをする好色で不信心の大統領候補を支持し、ヤノプルスや、差別主義者で汚い言葉を使いポルノを愛するネット上のニヒリストたちを支持することが戦略的に正しいと判断したのかもしれない。マイロ、トランプ、そしてオルタナ右翼の台頭は、保守主義の復活の証拠ではない。それはむしろ、ただそうであることのみを目的とした体制非順応主義、自己表現、越権行為、そして不敬の文化が絶対的な支配を誇示している証拠にすぎない。それは左翼であろうと右翼であろうと、個人と本能の解放だけを信じる人々にとってぴったりの美学だ。原則をもたないカウンターカルチャーの理念は消え去らなかった。ただそれが新しい右派のスタイルとなったにすぎない。

面も。著書に『素数に憑かれた人たち　リーマン予想への挑戦』など。

「保守主義の不可能性」
ケヴィン・ディアンナは元極右青年団体のリーダー。ペンネームを使い、白人至上主義のメディアに数多くの寄稿をしている。「保守主義の不可能性」はタキ・マガジンに2009年に掲載された。

ヴォックス・デイ
米のゲーム・デザイナー、小説家。オルタナ右翼の活動家としても知られ、「アメリカは理念ではない」などの論考では、米は普遍的な原理をもとに始まった国民国家ではなく、白人がつくったキリスト教の民族国家だと主張している。

The Right Stuff
白人至上主義者のマイク・イノクが開設したブログとメンバー制のフォーラム。ホロコースト否定などの反ユダヤ主義の記事が多い。イノクは2017年に妻がユダヤ系であることが暴露され、オルタナ右翼のからかいのまとになり、それ以降影響力を低下させている。

VDARE
ピーター・ブリメロウの白人至上主義団体のウェブサイト。

第5章

Tumblrから大学キャンパスでの戦争へ

ウェブ上の正しさのエコノミーに飢餓状態を創り出すこと

From Tumblr to the campus wars:

creating scarcity in an online economy of virtue

若い世代のあいだで新たな右派的感覚が生まれたことについては多くの説明が考えられる。この新しい右派的感覚によって、許容される言説の範囲は、誰も想像できなかったほど急速に、はるか右方向へと変化した。また、この新しい感覚は、大学キャンパスやTwitter、YouTubeなどで表面化するよりずっと以前に、Tumblrのようなプラットフォームで典型的に見られる新しいアイデンティティ政治のインターネット文化に対抗して発展した。Tumblrの文化政治は、右派の言論を制限しつつ、左派のオヴァートンの窓を広げようとすることによって、文化を反対方向に動かそうとした。特に人種やジェンダーの問題に関して、反男性的、反白人的、反異性愛者的、反シスジェンダー的なレトリックが文化左翼の側では普通のものとなった。Tumblrを典型とするリベラルなインターネット文化は、非主流派的な考えを主流派へと押し上げることにも成功した。それは、chanカルチャーのショッキングな無礼さとは対照的で、非常に繊細なものだったが、サブカルチャー的で急進的という意味では同じものだった。

トランプの選挙後の余波のなかで、広い意味での「左派」の内部分裂がより顕著になった。特に、リベラル左派と唯物論者左派のあいだの敵意と深い哲学的な違いは、お互いに侮辱を浴びせあう形となって現れた。ヒラリーが負け、バーニーなら勝っていたはずと苛立つ社会主義者たちは、「ブロシャリスト(brocialist=男性優位的社会主義者)」とレッテルを貼られ、傲慢な「白人男性」として軽視された。その報復に社会主義者たちは、説教くさくパフォーマンス的なTumblr風のアイデンティティ政治である「**ウォーク**(**woke**)」が左派を破壊したと反撃した。ブロシャリストやバーニー・ブロと同じように、この風潮は「オルタナ左翼」とさえ呼ばれた。「左派」内部でのこうした分裂を報告すること、それはすなわち、ライバルである右派の文化と同様の影響力があり、拡散的で、マルチプラットフォームで絶えず変化するインターネット左派のアイデンティティ政治文化を捉える試みであり、ここで説明する価値がある。

2014年にFacebookが登録者に対して50以上のジェンダー選択を提供することを発表したとき、多くの登録者は困惑した。これと同じ頃、大学のキャンパスでは、セーフスペース、トリガー警告、**ノープラットフォーミング**や**ジェンダー・ニュートラルな代名詞**をめぐる戦いが勃発した。しかし、このソーシャル・メディア企業は、数年前から出現していたインターネット・サブカルチャーや、それを生み出し、そこから出現した若者の政治的サブカルチャーに倣ったに過ぎなかった。この新しい文化(右派は彼らを社会正義の戦士たち(SJWs)や**スノーフレーク**と呼んだが、ここではTumblrリベラリズムと呼ぶことにしよう)の主な関心事は、ジェンダーの流動性と、精神的な健康問題、身体的障害、人種、文化的アイデンティティ、**インター**

ウォーク(woke)
社会問題や不平等の現状に対して、政治的問題意識をもつ(目覚める=Wake)ことを意味する言葉。20世紀初頭から公民権運動などで使われていたが、最近では逆にそのような人たちをからかう言葉となって、米保守政治家などにも使われている。

ノープラットフォーミング
社会にとって不適当な思想・主義・主張に、言論の場を与えないこと。またはその言論の場そのものを締め出すこと。特にSNSなどで、人種やジェンダーなどの差別思想をもつ個人やグループ、社会的に有害とみなされた言論を排除することを指す。

セクショナリティなどの問題を探求するための安全な空間を提供することにあった。インターセクショナリティとは、交差する様々な種類のマージナライゼーション（疎外）や抑圧の認識を意味する語で、現在では標準的な学術用語となっている。この政治的感性全体のルーツは、学界やアクティヴィストの文化に見出されるかもしれない。だが、それがメインストリームに浮上し、ヒラリーが「**自らの特権を自覚せよ**（チェック・ユア・プリビレッジ）」や「インターセクショナリティ」といった言葉を使うに至ったのは、TumblrやファンカルチャーĪ、**LiveJournal**といった以前からあるプラットフォーム、そしてソーシャル・メディアの混在という、長年にわたるインターネット文化の発展の集積によるものであった。

こうした様々な関係性には、オンラインおよびオフラインで数々の多様な起源があるかもしれない。それでもTumblrは、政治的および美的感性全体の出現にとってもっとも重要なプラットフォームのひとつであり、独自の語彙とスタイルを発展させた。この点で、これは右派の4chanの逆の鏡像ともいえる。リベラルは「経済的不平等よりも多様性の認識を優先することを好む」とはウォルター・ベン・マイケルズが批判したことだが、急速に増殖していくアイデンティティの微妙な差異とグラデーション、そして体系的な文化的偏見に対する感情的な傷に基づく政治とともに、多様性を重視する見解がもっとも不条理な頂点に達した。多様性を象徴的に表

ジェンダー・ニュートラルな代名詞
男性女性を表す代名詞（HeやSheなど）を、本人の性自認や性的志向と一致しないまま使うのはおかしいとの考えから、性的に中立とされた代名詞。例えば、HeやSheの三人称代名詞の代わりに、They（Their/Them）を代用したり、Ze/Zem/Zirなどの新語が使われることも。

スノーフレーク
政治的にリベラルな、特にZ世代の若者を侮蔑的に指す言葉。もともとはオルタナ右翼のバイブル的映画『ファイト・クラブ』の劇中人物のセリフで、雪の結晶のように小さくはかなく消え去るもの（大したことのない人物）を意味する。

現し、それを認知することが目標となり、反対する者に対して「わたしのアイデンティティを消さないで」と戒め、白人／異性愛者／男性／**シスジェンダー**の人々に対して「聞いて、信じてほしい」という態度を促した。大学に通うミレニアル世代の若者たちは、このインターネット文化の台頭のあとに続く世代であり、今日では特に保守的なメディアから「スノーフレーク世代」と呼ばれるが、Tumblrはこの世代の先駆者であった。

フランスのフェミニストで哲学者であるシモーヌ・ド・ボーヴォワールは、1949年に、「人は女に生まれるのではなく、女になるのだ」と書いた。1990年には、**ジュディス・バトラー**が『ジェンダー・トラブル　フェミニズムとアイデンティティの撹乱』で歩みをさらに進め、あるいはひょっとしたらより厳密に解釈したのかもしれないが、性別、ジェンダー、セクシュアリティのカテゴリーの一貫性は、スタイル化され、培われた身体的行為の繰り返しによって完全に文化的に構築されたものであり、それが本質的で存在論的な核としてのジェンダーを見かけ上作り出していると論じた。

2010年代の初頭には、Tumblrはバトラーの理論を実践に移し、完全にサブカルチャー内で言語を確立した。それは一連のスローガンとそれに伴うスタイルからできている。Tumblrの文化政治のもっとも顕著な関心はアイデンティティの流動

インターセクショナリティ
人種や性差、性自認や性的志向などのアイデンティティ、経済的・身体的などの個々が置かれた立場が、複合的に構成された社会的な状況、またはそこから生じる差別問題のこと。

自らの特権を自覚せよ
男性や白人、健常者などが、歴史的かつ文化的に自明とされている優位な立場があるから、差別や不平等の問題を軽視したり無視できるのではないかという、相手を批判するフレーズ。SNSなどで政治問題を語るときに、リベラルな論者に多用された。

LiveJournal
1999年に米で開設された、ブログや日記な

性であって、典型的なものとして、ジェンダーに関する流動性があった。これはジュディス・バトラーの理念が実現し、デジタル世界のサブカルチャーとして表現されたものだった。何年ものあいだ、マイクロブログ〔投稿の字数が制限されたブログ〕のサイトは、ジェンダーの完全に社会的に構成された性質や、個人が決定できるあるいはそのあいだを移動できるジェンダーの潜在的に限界のない選択を説明し、それについて議論する若い人々の話で溢れていた。

以下のものは、いまだに拡大を続けているジェンダーのリストであり、今では100を超える数になっている。すべてTumblrから直接引用してある。

アレクシジェンダー(Alexigender)

ひとつ以上のジェンダーのあいだで流動するジェンダー・アイデンティティだが、その個人はそれらのジェンダーが何なのかはわかっていない。

アンビジェンダー(Ambigender)

同時にふたつのジェンダーを感覚しているが、流動性や移行はない。バイジェンダーと同じ意味で使われる場合もある。

Tumblr
どを集約したコミュニティサイト。初期のSNSともいえる。現在は買収されてロシアの企業となっている。

シスジェンダー
性自認が一致している人のこと。例えば、身体的に男性で、かつ性自認も男性の人。性自認が一致することが「ノーマル」とされてきたが、それでは性自認が一致しない人は「アブノーマル」と異常者のように呼ばれてしまうため、この言葉が使われるようになった。

ジュディス・バトラー
米の哲学者。構築主義的なアプローチのフェミニズムの思想家として著名。ユダヤ系でレズビアンを公言している。

アンクシジェンダー（Anxigender）	不安によって動揺するジェンダー。
カデンスジェンダー（Cadensgender）	音楽によって容易に影響されるジェンダー。
カスフリュックス（Cassflux）	自分のジェンダーに対する無関心のレベルが絶えず変化しているとき。
ダイモジェンダー（Daimogender）	悪魔や超自然的な存在に密接に関係しているジェンダー。
エクスペクジェンダー（Expecgender）	周りの人が誰なのかによって変化するジェンダー。
フェイジェンダー（Faegender）	季節や春分秋分、月齢とともに変化するジェンダー。
フィスジェンダー（Fissgender）	ある意味で分裂したジェンダー経験。バイジェンダーないしはデミジェンダーと類似。
ジェンダーエール（Genderale）	描写するのが難しいジェンダー。多くの場合、植物やハーブ、流体と関連している。

キンジェンダー(Kingender)	人間ならざるもの(Otherkin)と何らかで関係したジェンダー。
レビジェンダー(Levigender)	それほど感覚されない、軽量級で表面的なジェンダー。
ネクロジェンダー(Necrogender)	かつて存在していたが、今では「死んだ」あるいは存在しなくなったジェンダー。
オムニゲイ(Omnigay)	流動的なジェンダー。ある人が別の複数のジェンダーに惹かれるが、どのジェンダーに惹かれるかはその人のジェンダーによる。その個人は常に同じジェンダーに惹きつけられる。
ペリジェンダー(Perigender)	あるジェンダーに自己同定しているが、そのジェンダーとしてそうしているわけではない。
ポリジェンダーフリュックス(Polygenderflux)	ひとつ以上のジェンダーをもっていて、激しく揺れ動いている。
テクノジェンダー(Technogender)	オンラインなどのテクノロジーを用いているときだけあるジェンダーに適合する。多くの場合社会不安が理由となっている。(不安障害の人たちに特殊な性格)

ソイ (Xoy)	ある意味でノンバイナリーの少年、あるいはそれに非常に近い振る舞いをする人として自己同定している人。
サール (Xiri)	ある意味でノンバイナリーの少女、あるいはそれに非常に近い振る舞いをする人として自己同定している人。

Tumblrにおけるこうしたジェンダーの位置づけは、「アザーキン（otherkin）」として知られるアイデンティティの流動性に関する別のインターネット・サブカルチャーと関係し、しばしばそれに対する直接的な言及さえある。「アザーキン」とは、Wikipediaによると、自分を「部分的に、ないしは完全に非人類」として、あるいは神話的な生き物、「天使、悪魔、ドラゴン、エルフ、妖精、ピクシー、エイリアンや漫画のキャラクター」といった、空想世界やポピュラーカルチャーの世界から来た生き物として考えている人たちによるサブカルチャーのことだ。「星の世界での変身」が可能だと主張する者たちもいるが、これは、実際に身体的な変化がなくてもそうした生き物のひとつになった感覚を経験することを意味している。もちろん、他のあらゆるウェブ上のカルチャーと同様に、多くのTumblrユーザーは自己覚醒のやり方としてアザーキンのことを語るが、それはむしろ、オタク的なサブカル

チャーに属していることを自覚的に自己言及するパフォーマンスとしてそうしている。このことは、極端な例ではあるが、そこを貫いて流れているジェンダー流動性のより広範なテーマについて、何事かを物語っている。

ジェンダーに対する反順応主義には新しいものは何もなく、性的革命とゲイ解放運動の当初からある主流の考え方だったが、こうした考えが予想できないほど大きなレベルで影響力を持つことができたのは、ウェブ上で半ば政治的とも言える文化が創造されたことが一因でもある。同じ環境下にあった他のニッチなウェブ上のサブカルチャーは、出現しつつあったウェブ上の右派によって、西洋の没落を示すエビデンスとして常に提示されてきたものだが、これもまた、自らを赤ん坊と見なす大人たちと、自らを障害者と見なす健常者たちを巻き込んできたものであり、結果としてそうした人たちは、自らをなぞらえた障害者となるために、あえて盲目となったり、手足を切断したり、あるいは他の仕方で自傷するための医学的サポートを探し出そうとする。右派の人たちが比較的ニッチなサブカルチャーに執着することに疑問をもつかもしれない。だが小さなウェブ上のサブカルチャーから出現した新しいウェブ上の比較的ニッチな右派の領域にリベラルが執着することも、類似の構図である。つまり、不思議なほどに新しい政治的感受性を形成するTumblrによる影響は、右翼的なchanカルチャーから現れたものにとっても同じくらい重要だということだ。

アドルフ・リードは、リベラルはもはや実際の政治を信頼せず、「苦しんでいることを証言する」だけだ、と述べている。Tumblrのような場所で起こっている、苦しみ、弱さ、そして傷つきやすさに対するカルト的な崇拝が、現代のリベラルの政治的アイデンティティの中心となってしまった。障害やメンタルの病をもっていることを自分のアイデンティティとし、それによって自分が極度に傷つきやすく苦しむ存在になっていることを自分だけで認める、こうしたこともまた、ジェンダーの流動性に強くフォーカスしたコミュニティに共通している。そうした人たちが言う障害は、しばしば心因性のものだったり、現代の医学では認識できないものだったりする。一例として「スプーン・アイデンティティ」がある。これは若い女性に典型的に見られる例だが、自分の属性を示すためにスプーン型の装飾品やタトゥーなどを手に入れ、ソーシャル・メディアに「スプーン印（Spoonies）」をあげることによって、インターネット文化でのアイデンティティを形成することである。

「スプーン印」が広く知られるようになった理由は「スプーン理論」にある。この単語は、2003年の**クリスティーヌ・ミセランディーノ**のブログ「ButYouDon'tLookSick.com.」内の「スプーン理論」という記事で考案された。ミセランディーノはそこで、はっきり外から見える兆候のない病気にかかるのはどういう感じなの

アドルフ・リード
米の政治学者。人種差別についての研究や社会主義的な主張で知られる。労働党の創設メンバーのひとり。

クリスティーヌ・ミセランディーノ
米のブロガー・作家。子どものころから難病である全身性エリテマトーデスに悩まされながら学生時代をすごした。その体験から、身体や精神のハンディをもつ人の、他者には理解されにくい、心身の消耗をあらわす単位として、スプーンを比喩に使った。

かを友人に尋ねられたときのことを思い出している。彼女はテーブルにあったひとつかみのスプーンを握って、それをひとつずつ友人に渡した。彼女が手にしたスプーンひとつひとつは、典型的な日常における出来事や行為を表していて、それによって、彼女のエネルギーは非常に限られたもので、他の人と同じように限度があるということを証明しようとした。障害に対するケアは人類が数世紀にわたっておこなってきたもので、そこに議論の余地はないが、ウェブ上のスプーン現象は、Tumblrというアイデンティティ政治の場にあるあらゆるサブカルチャーを性格づける、ほとんど政治的な熱狂を帯びたサブカルチャーとなった。若い女性たち、それも非常に多くの場合インターセクショナルなフェミニストで急進主義者を自認している女性たちだが、彼女たちは自分たちのスプーン的なアイデンティティを表面に出し、認識されず、診断もつかず、あるいは診断することも不可能な見えない病に対して適切な反応をしなかったり、他者のアイデンティティに対する感受性を欠いていたりすれば、誰であれ激しく糾弾した。

自己を鞭打つこと（Self-flagellation）もまた、新しいアイデンティティ・ポリティクスの核となる性質となった。この性質はとりわけ、サブカルチャー内でのヘテロの白人男性、シス、あるいは障害がない身体をもった人々のなかに見られるもので、彼らは「自分たちの特権をチェックする」ことに幸福を感じていた。「特権チェッ

自己を鞭打つこと
キリスト教やイスラム教の宗教上の儀式で苦行のこと。懺悔を意味することもあり、転じて自己批判のこと。

ク」は、Tumblr的リベラル文化のなかで非常に中心的な役割を果たしたフレーズで、しばしば右派はそれをパロディにした。この特権チェック文化がメインストリームの言説内に進行したとき、ゲーマーゲートに反対するコラムニストである**アーサー・チュー**は、Twitter上で「フェミニズムを気づかうひとりの男として、時折わたしはお互いに仲の良い男たちみんなと一緒になって、ともに断崖まで駆け出し、あらゆるジェンダーを海に放り投げたくなる」と投稿した。ドナルド・トランプが選出された翌朝には、コラムニストの**ローリー・ペニー**は、「わたしはかつて白人リベラルに罪を宣告した。今日、はじめて、わたしは自分が白人であることに恐れ慄き、それを恥に思った」とツイートしている。

しかし、あらゆる傷つきやすさと自己軽蔑の状況のなかでも、こうしたサブカルチャーの人たちはしばしば途方も無い凶暴さと攻撃性をともなう振る舞いを見せた。カエルのペペを投稿する名無しの敵たちと同じように、彼らもキーボードという安全性の後ろに身を隠していた。**ジョナサン・ハイト**は、大学のキャンパスにおいてこうした感受性が何年も経て本流となっていくことに対して、アトランティック誌(Atlantic)に「アメリカン・マインドの甘やかし(The Coddling of the American Mind)」という名高い記事を寄稿した。この論考によって、「スノーフレーク世代」についての議論は言説の大きな流れを形成するようになった。だが、インターネットの薄

アーサー・チュー
米の人気クイズ番組で11連勝し有名になったアジア系米国人のコラムニスト。オタクカルチャーにおける人種差別などの問題を批判している。彼の活躍はドキュメンタリー映画『Who Is Arthur Chu?』でも取り上げられている。

ローリー・ペニー
英のリベラルのジャーナリスト。パンセクシャル(全性愛者)を公言している。

ジョナサン・ハイト
米の社会心理学者。道徳心理学の研究者。キャンセル・カルチャーや大学におけるトリガー警告を批判した「アメリカン・マインドの甘やかし」は、『傷つきやすいアメリカの大学生たち 大学と若者を

暗い空間が始まるはるか以前から、サブカルチャーとアイデンティティ論によって育まれた脆弱さと犠牲の文化が、彼らの政治的な場のなかでの集団による攻撃、辱め、そして他人の名声や生活を破壊する試みという悪意に満ちた文化と混じり合った。のちにそれは「**泣きながらいじめること**（cry-bullying）」と名づけられる。

右派がウェブ上でのアイデンティティ政治というこの奇妙な世界に対する批判を展開していたのと同じ頃、マルクス主義者の批評家**マーク・フィッシャー**による「吸血鬼の城からの脱出（Exiting the Vampire Castle）」という爆発力に満ちた論考が現れた。この論考はTumblrのリベラルたちに火をつけ、さらには「特権チェック」族であるアイデンティティ政治の信奉者「アイデンティタリアン、主に白人からなる民族主義的ナショナリスト」をも激昂させた。それはコールアウトして大集団によって辱めるという残酷な争いへと発展し、最終的には後続する若い世代に決裂を、すなわち旧左翼スタイルの唯物論と純粋なアイデンティティ・ポリティクスという商標に固執する人々とのあいだを進んでいた若い世代の左派的な感受性に決裂を感じさせた。フィッシャーは次のように書いている。

「左翼」のTwitterはしばしば、むごい、意気消沈させる地帯となる。今年の早い時期に、人目を引くTwitterの炎上があって、そこでは左翼的と見なされる特定の人々がコ

ダメにする「善意」と「誤った信念」の正体』として書籍化された。

泣きながらいじめること　被害者またはそれを装った立場を利用して行われる、暴言やいじめや嫌がらせ行為。特に社会的な不正の被害をたてに行われる高圧的行為を指すことが多い。

マーク・フィッシャー　英の批評家。左派の加速主義者として知られる。著書に『資本主義リアリズム』など。「吸血鬼の城からの脱出」では、左派のキャンセル・カルチャーを批判し、それが左派の階級闘争を阻害すると主張した。2017年に自殺。

ールアウトされ非難された。左翼の人たちが言っていたことには時として不愉快なものがあった。だが、そうだとはいえ、彼らが個人的に中傷されて追求されるやり方は、恐れを抱かせるものだった。悪意に満ちた魔女狩り的な道徳主義が放つ異臭がそこにはあった。わたしがこうした現象について表明しなかった理由は、言うのも恥ずかしいことだが、恐かったからだ。ごろつきたちが遊び場の別の場所にいる。わたしは彼らの注目を引きたくはなかった。

だがフィッシャーはそうした人たちの注目を引きつけてしまった。その後数年にわたって、フィッシャーは集団による個人宛の執念深い嫌がらせの洪水を経験し、そこにはミソジニーやレイシスト、トランスフォビアなどをとがめるような根拠のない非難も含まれていた。特に、ある種の左翼的な観点からTumblr的左翼の鍵となる感受性に言及しようとした者に対して、こうした嫌がらせは典型的なものとなった。ウェブ上の「キャンセル・カルチャー」の奇妙な特徴は、傷つきやすさを演じること、自己中心的なウォークの正義感、そして他者へのいじめが混じり合ってできていたことにあった。このキャンセル・カルチャーがウェブ上で展開する力学を、フィッシャーは巧みに描写している。すなわちそれは「破門や告発を望む〈僧侶の欲望〉と、一番に誤りを指摘したいという〈学校的かつ学者ぶった者の欲望〉、そして内輪集団のなかで開明的な人でありたいという〈ヒップスター的欲望〉によって駆動している」とされている。わたしはこれに加えて、これらの背後にある衝動は、ある種の飢餓的な欠乏状況を作り出すことにも関係していると言いたい。ウェブ上の世界にいるユーザーにとっては、そこでの振る舞いの道徳性が、自分のキャリアや社会的成功を達成したり破滅させたりすることを可能にする通貨であった。だが匿名の地下世界はそれに対する反対勢力であって、右派的なトロール文化がそこから現れた。

被害者性と冷酷さの共存を示す例は数限りなくあるが、そのひとつとして、2016年にフロリダのディズニーリゾートで2歳の子どもが、ワニに襲われて水中に引きずり込まれて死亡したというニュースに関するものがある。通常の大多数の人々にとって、これは心が打ちひしがれるような悲しい話だった。1100人以上のフォロワーをもつ「スナースのブリエンヌ（Brienne of Snarth）」というアカウント名で知られ、影響力のあるTumblrページも保有しているこのTwitterユーザーは、悲しみに暮れている子どもの父親に「白人特権」があるといって批判した。

彼女「スナースのブリエンヌ」がウェブ上で展開した生き方は、Tumblr的なアイデンティティ・ポリティクスの品質証明書に完全に合致するものであり、白人特権を声高に叫ぶ多くの人と同じく、彼女自身が白人であることもわかった。「わたしはこの白人特権と絶縁しているので、2歳児がワニに食べられたと聞いても悲しみなど覚えない。なぜなら、その子の父親はサインを見逃していたのだから」、「いかなることであれ、でたらめな帰結などない、本当にそう考えてほしい。ささやかなサインによって、フロリダでは水に入ってはいけないとあなたは告げられていたのだ。サインだ！」と彼女は書いている。事件に続いてTwitterで攻撃がされていることを聞き、多くの人々は激怒した。オルタナ右翼とオルト・ライトは事態を現代左翼の退廃の証拠と見なしてこれをシェアし、逆にウェブ上のTumblrリベラルたちはこれに対応してブリエンヌの擁護にまわった。

初期のTwitterは、フォロワー獲得のためにユーザーが競争することを想定したプラットフォームであり、また、そこで正しい道徳的な見解を示すことは、遅滞していたキャリアを自動的に引き上げるものだと考えられていた。マイナーなセレブたちは、そこでは従来の伝統的なメディアよりもより多数のフォロワーを獲得できることに気づいた。最初は、レイシズムやセクシズム、あるいは同性愛嫌悪などの罪で他人を告発すること、それも自らを公正な立場において、あるいは苛立ちを隠さずにそうすることが、ソーシャル・メディアで名声を得るための、もっとも確実で即効性のあるやり方であった。公共のソーシャル・メディアのプラットフォームに関わる何かが、道徳的に正しいポリティクスがもたらす虚栄心を生み出し、抗いがたい仕方で文化戦争を引き起こした。だが秘訣はすぐに露呈し、みなが同じことをするようになった。ソーシャル・メディアを文化的な資本としている人たちが依拠していた、道徳的という通貨の価値が突然にして下落するという危機に陥った。その結果として、正しさという貴重な通貨を競う競争相手をターゲットにした粛清文化が生じたのだとわたしは思っている。つまり、実際にレイシズムやセクシズム、同性愛嫌悪に関わっている人ではなく、純粋に進歩的な信条を備えた他のリベラルや左派を標的にした攻撃が増加していった。

アル＝バグダーディーに忠誠を誓ったひとりの男がゲイ向けのナイトクラブで銃を乱射したオーランド銃撃事件のあとで、数百万人もの人がTwitterに集まり、自分たちの悲しみや絶望をシェアした。ゲイへの親しみの感情を多くの人々が表明したこの瞬間に、あまりにも薄っぺらい仕方で美徳が広まらないように、飢餓状態を創造する粛清のプロセスが暴走した。インターセクショナルを主張することで有名なTwitterのアカウント主が、この事件をアメリカ史上最悪の銃撃事件だとした人々に注意し、「最悪なのは**ウーンデッドニーの虐殺だ**」ということを人々に思い起こさせた。似たような他のTwitterカウントは、記事中で「**ラテン系の人（Latinx）**」という語を用いずに「ラテン系の男／女（Latino / Latina）」という用語を用いたことに激怒していた。また他方で、銃撃事件は犯人がイスラム国（IS）に忠誠を誓ってい

ウーンデッドニーの虐殺
1890年に起きた米騎兵隊によるネイティブ・アメリカン虐殺事件。女性や子ども問わず、約3

たから起きたのではなく、犯人の精神的な疾患によるものだということが明らかになるだろうと確信をもっている者もいた。こうした見解に打ち負かされないために、異なる立場の者は、犯人は精神疾患をもっていると言う人たちに見られる、健常者以外への差別感情に対する怒りのツイートを返した。数百の人間が姿を現した残酷な一晩を夜通し見て、ひとりの若い女性は人々に非難の言葉を浴びせた。「ここには非常に多くの白人がいる。それは冗談ではなかった……。あなたたちはいったい誰のためにここにいるの？」。

こうした動きは、ウェブ上の無名のサブカルチャーから始まったものだが、やがて表現の自由、トリガー警告、**西欧的規範**、そしてセーフスペースをめぐる大学での紛争へと広がっていった。戦争に行ったことがないのにトラウマ後遺症によるストレス障害を主張する相当数の若い女性を避けるために、トリガー警告を発する必要があった。彼女たちは悩みを引き起こすものであればなんであれ、それに関する言及から「トラウマが生じた」と主張した。この主張に科学的な根拠はなく、古典的文学の偉大な作品から、例えば二種類のジェンダーしか存在しないという考えのような、リベラルではない多数派の見解に見られる表現に至るまで、あらゆるものがトラウマの原因に含まれていた。

こうした事態の絶頂期に、**ジャーメイン・グリア**がカーディフ大学で「女性と権

00名が殺されたとされる。ネイティブ・アメリカンの強制移住政策が原因で、以降、大規模なネイティブ・アメリカンの反抗はなくなった。

ラテン系の人（Latinx）
ジェンダー・ニュートラルな代名詞の一例。

西欧的規範
ここでは、西欧の文化が、白人男性が女性や他の人種を周縁化して排除してきたという批判的議論のこと。

ジャーメイン・グリア
オーストラリアの作家。ラディカル・フェミニストの代表的論客。トランス女性を女性として認められないと批判的に主張したことが物議を呼んだ。

カ　20世紀についてのレッスン」という題で講演することが告知された。カーディフ大学学生組合の女性幹部であるレイチェル・メルイシュは、グリアの参加は「有害」になるかもしれないと結論をくだした。イベントの中止を求める嘆願書のなかで、彼女は次のように主張した。

グリアはトランス女性に対する自身の女性不信的な見解を何度も繰り返し表明してきた。そこにはトランス女性をその人の性自認とは異なる性で呼び、それにあわせてトランスフォビアの存在を否定してきたことも含まれている［…］。大学はキャンパスにおけるもっとも傷つきやすい人たちの声を優先すべきであって、そうした人たちをさらに遠ざけようとする話し手を招待すべきではない。わたしたちはカーディフ大学にこの催しを中止することを求める。

この嘆願書には2000人以上の署名が集まり、グリアは女性解放の議論のために全人生をかけて働いた先導的なベテランから、許されざる有毒な**TERF（トランス排除の急進的フェミニスト）**へと一夜にして変貌を遂げ、その名は地に落ち泥に塗れた。この新世代の大学生フェミニストと比べると、グリアもまたかなりの右派的な立場にいたと言ってもよい。グリアは15年来トランスジェンダーに関していかな

TERF（トランス排除の急進的フェミニスト）
Trans-exclusionary radical feministの略。「ターフ」とも。生体的な性別を超えたトランス女性が、女性トイレを使用することやスポーツ大会などに女性として出場することなどに反対の立場をとっている。

るコメントもしてこなかったが、のちにニュース・ナイトで、それは「わたしの問題ではなかった」からだと述べていた。カーディフ大学の副学長は、グリアを攻撃した者たちに迎合し、「いかなる種類の差別的な言及」も許さず、そうした言及が、「LGBT+の人たちに肯定的でウェルカムな空間を与える際にどれだけ厳しく作用するだろうか」と述べた。

インターネット上で活躍するアクティビストの**ペイトン・クイン**は、「ノンバイナリー」で「トランスフェミニストのアクティビストで、全能の軽やかな天上存在」と自称している人物だが、これまでのグリアへの攻撃に満足せず、怒りに満ちたオープンレターを執筆し、「表現の自由の権利はあるが、法を超えるものではない」という記事に見られるグリアの行動は犯罪的だと示唆した。

かつては考えられなかった極端な検閲の例として、**ピーター・タッチェル**がいる。タッチェルは世界中のゲイの権利に関する運動のために何度も人生を賭けた熟練のゲイ・アクティビストだが、次の攻撃対象の中心となった。LGBTQI+[レズビアン、ゲイ、バイセクシャル、トランスジェンダー、クエスチョニング、インターセックスなど]学生組合の代表であるフラン・カウリングは、レイシストでイスラム嫌いで「トランス嫌い」でさえあったと考えられる男性とは同じ舞台を共有したくないと述べた。タッチェルが出席するという条件を認めず、カウリングは講演依頼を断った。メー

ペイトン・クイン
スタンドアップ・コメディアンでコラムニスト。「トランス女性が女性になりたいならば、それは女性である。よってトランス女性の蔑視は、女性蔑視である」とジャーメイン・グリアを批判した。

ピーター・タッチェル
英の人権活動家。ゲイ解放戦線の元メンバーで、後に労働党の国会議員。70年代から反戦運動や環境問題などにコミットするなど幅広い活動をしている。Netflixのドキュメンタリー『世界に嫌われる男 ピーター・タッチェル』に詳しい。

ルのなかでカウリングは、先年のオブザーバー誌に掲載された、表現の自由を支持しキャンパスを抗議の場として認めない動きに反対するためのオープンレターにタッチェルが署名したことに言及している。両者の決裂が人々の注目を集めたとき、反タッチェル側の人たちは倍増したが、その結果生じた彼らの不品行が実害をなすまでになっているという議論が起こった。ほかにも、タッチェルは表現の自由をめぐる立場で右派的なプレスに支援されてきていたという議論や、彼に対する攻撃は自作自演ではないかという議論も起こった。

2015年に、イランの社会学者でフェミニストである**マルヤム・ナマジー**は、ロンドン大学のゴールドスミスから講演の依頼を受けた。彼女の戦闘的な世俗主義と、元イスラム教徒として公然のものとなっている棄教とが理由で、彼女のスタイルは西洋の左派にとっては居心地の悪いものとなり、論争が続いた。イスラム教の団体は大学で彼女の存在に異を唱え、彼女が講演に行く先々で、団体の男たちの一群が最前列に座り話を妨害しようとした。彼らは彼女に向かって叫び、挑発し、プロジェクターの電源を切るなどしたので、彼女は彼らの妨害ごしに話が聞こえるように声を張り上げなければならなかった。講演の場面のビデオは、もしナマジーや彼女を脅迫する人物が西欧の白人だったならば考えられないようなレベルの脅迫を証拠として残している。だが彼女は彼女の西洋の仲間たちから連帯感を受け取るこ

マルヤム・ナマジー
イスラム教の女性差別について批判し、イスラム教が世界に脅威をあたえる全体主義と主張。イスラムフォビア（嫌悪）につながると批判も多い。この講演では、イスラム教とキリスト教を皮肉ったコミック『イエスとモー』を使ったためイスラム教徒の聴衆が激高した。

ともなければ、そうした出来事について、西洋の仲間たちからさらに非難され、攻撃された。

ロンドン大学ゴールドスミス・カレッジのフェミニスト団体はナマジーに反対するイスラム団体への支持を表明し、同大学のLGBT協会もまた、イスラム団体を支持する声明を発表した。ナマジーを犠牲にしてリベラルな学生たちが擁護していた人たちの状況を見ると、同大学のイスラム団体の長であるムハンマド・パテルは、ヘイトを唱える説教師である**アル・ハッダド**の支持者であった。アル・ハッダドは「同性愛とLGBTに抗し立ち上がる」と題された論考のなかで、「同性愛という罪と戦うために、アッラーはわれわれにはっきりと意見を述べるよう命じた。よってわれわれは公正さと神の良心の名において、他者と協働すべきなのだ」と書いている。

こうしたニューレフトのベテランに対する一連の攻撃とともに、右派側にも、こうした攻撃の標的になることをこれ幸いと受け入れはじめた者がいる。これがマイロが完成させたスタイルだ。とはいえ、そこには顕著な違いがある。右派は死力を尽くして反論するが、左派の反応はしばしば当惑し、おびえ、あるいは弁解がましいものであり、ときには左派的立場それ自体から引き下がる場合もあった。左翼政治がTumblr化することで、この時期に左派から頭脳が失われ、そのことが長きにわたるダメージを与えたのではないだろうか、とわたしはしばしば考える。カナダで

アル・ハッダド
パレスチナ出身の英のイスラム教指導者。ムスリム向けのテレビ番組の司会者で、イスラム教寄りの過激発言は何度も物議を呼んでいる。

は、**ジョーダン・ピーターソン**博士が、自分の勤める大学で、sheやheといった古い用語の代わりにzeやzirといった異なる発音の使用を承認する校則の制定に同意することを拒否した。これによって彼はオルト・ライトのヒーローとなった。

ピーターソンに抗議するイベントでは、彼は集まった人たちの前に現れ、白人たちの騒がしい集団に呑まれ、群衆の何人かから抗議の怒号を受けた。彼はまた、自分のオフィスのドアは接着剤で固めてあると言い、自分の所属機関は、平凡な仕方ではあるが、学問の自由と発言の自由のための権利を支援してくれているが、同時に彼がカナダの**オンタリオ州人権条例**に抵触しているかもしれないと警告しているとも述べた。発音の新しい決まりに対する彼の批判は「許し難いもので、感情を乱し、苦痛を生む」という多数の苦情を、大学は学生たちや学部から受けた。

2015年3月に、**ローラ・キプニス**は**Chronicle of Higher Education**紙に論文を執筆した。論文内で彼女は大学キャンパスでの「性的パラノイア」とも言える雰囲気を批判し、教師と学生の性的関係を擁護し、トリガー警告を批判した。学生の一群がこれに応えて抗議をおこない、キプニスが批判したポリシーをもう一度確約するよう大学に要求した。学生たちはマットレスを持ってきたが、これはコロンビア大学で起こったキャンパス内でのレイプに反対してエンマ・スルコヴィッツがおこなった抗議運動のパフォーマンスをまねたものだ。大学の学則を引きながら、ふ

ジョーダン・ピーターソン
カナダの心理学者・作家。著書『生き抜くための12のルール 人生というカオスのための解毒剤』は世界各国でベストセラーとなった。

オンタリオ州人権条例
1962年に制定された差別やハラスメントを禁止する条例。カナダ初の包括的な差別禁止法。

ローラ・キプニス
米の文化評論家。この論文とは、ノースウェスタン大学の教授がセクハラで告発されたことをめぐる論考。自らの体験をもとに、学生と教員との恋愛を擁護した。後に『Unwanted Advances: Sexual Paranoia Comes to Campus』として書籍化され、ウォールストリ

たりの卒業生がキプニスへの訴状を提出した。書籍化されて増補された彼女の論文の主張は、学生が性的に違法な行為の公表を思いとどまらせてしまうと訴えたのである。キプニスは攻撃に公然と立ち向かい、ようやく解放された。

　これらはここで選んだ少数の事例である。それは、何年にもわたってウェブ上で育まれ、特殊なアイデンティティ・ポリティクスを経て現れた、セクシャリティ／ジェンダー／アイデンティティの問題に関わる、果てしなく続くキャンパスでの文化戦争の流れのように思える。とはいえ、これらはかつて大学キャンパスでおこなわれた闘争とどこが異なるのだろうか？　ウィリアム・F・バックリーは、アカデミックなものに対する「対抗的体制」としてナショナル・レビュー誌を創設し、次のような有名な発言を残している。「わたしはハーバード大学の学部よりも、ボストンの電話帳に載っている最初の400人の人たちにアメリカ政府を任せたほうがよいと思っている」。1983年に、キリスト教教育者国家連合のスポークスマンである**ロバート・シモンズ**は、教育をめぐる「大戦争」が起きたと述べた。政治評論家の**ウォルター・リップマン**は、「子どもが両親の宗教や愛国心に向かうのも、そこから離れるのも、まさしく学校においてのことである」と書いた。そしてこれらの人々は、「諸制度を貫く長い行進」が起ころうとしていたことに気づいたという点で正しかった。研修中の教師に対して**パウロ・フレイレ**の『被抑圧者の教育

ート・ジャーナルの2017年ベストノンフィクション10冊に選ばれている。

Chronicle of Higher Education
米の高等教育の教職員向けの専門紙およびウェブサイト。1966年創刊。

ロバート・シモンズ
福音派の原理主義のクリスチャンで元高校教師。キリスト教徒の親たちが公立学校を左派から取り戻さなければならないと主張。

ウォルター・リップマン
ピューリッツァー賞を二度受賞したジャーナリスト。「冷戦」や「ステレオタイプ」という概念をメディアで最初に使用したひとり。著書に民主主義とメディアを論じた『世論』など。

学』のような書籍が指定図書とされ、教育や、さらに広範な文化においてじわじわと進展しつつあったフェミニズムと多文化主義をめぐる大きな文化戦争が起こった。同じ話題を扱った**フィリス・シュラフリー**による著作『教室での児童虐待』は、公立学校で進められているリベラルによる啓発に向けた、保守的な疑念に大きな影響を与えた。

多くのカレッジや大学では、スタンフォード大学は時代遅れになったジョン・ロックやフランツ・ファノンを指定図書にすべきなのか、あるいは、ウォールストリート・ジャーナルにはじまり、アラン・ブルームの『アメリカン・マインドの終焉』、**ディネス・ドゥスーザ**の『不自由なリベラル教育　大学における人種と性の政治』、**ロジャー・キンボール**の『終身在職権をもった過激派たち　いかにして政治がわたしたちの高等教育を腐敗させたのか』などを指定すべきではないかといった論争が見られた。今日でも大学キャンパスで、同じ論争が「わたしたちの精神の脱植民地化」運動とともに続いている。セシル・ローズの銅像の撤去を迫る「ローズは失脚せねばならない」というキャンペーンは成功した試みである。同キャンペーンのメンバーは、のちに、自分たちの目標が達成された後で、「ローズの失脚」はキャンパスにおける白人優位と白人特権の失墜を象徴的に示すものだと語っている。

パウロ・フレイレ
ブラジルの教育思想家。南米各国で教育活動を続けながら、開発途上国の教育について論じ、その主張は米をはじめ各国で批判的教育学として発展した。

フィリス・シュラフリー
米の女性保守政治活動家。男女平等修正条項の反対キャンペーンで先頭に立ち、法律成立の阻止に成功し、反フェミニズムのアイコン的存在となった。極右とされるバリー・ゴールドウォーター大統領候補を支持し、一時期は反ユダヤ団体のジョンバーチ協会にも所属。後にトランプ支持者としても知られることに。

ディネス・ドゥスーザ
米のインド系政治評論家。

1988年には、学生たちが集会を組織し、スタンフォードの西洋文明プログラムに対して「ヘイヘイ、西洋文化は消え去らなければならない」というチャントを歌った。この出来事は、西洋を中心とする原則をめぐる巨大な文化戦争に火をつけた。同運動の圧力によって、結果として大学側はカリキュラムを変更する決定をおこなった。**スタンリー・フィッシュ**は、テキストの意味の安定性という概念と、時間を超えた客観的な価値を持つ文学的な規範という概念を転覆させた人物だが、次のように述べている。「文学作品を解釈するためにわたしたちが望みうる唯一の方法は、わたしたちが解釈行為をおこなうときに立っている見晴らしの良い地点を知ることによってのみである」。デューク大学の英文学科は「フィッシュの水槽」として知られるようになったが、そこでは真理への普遍的な要求も権力の利害関心に従属するものとして表されるというフランス哲学理論も広く主張されていた。

カミール・パーリアはのちにこう記している。「フランス哲学理論はあなたを一夜にして億万長者の不動産屋にすることを保証するハウツー商材のようなものだ。権力を攻撃することで権力を獲得できます！ 今すぐパリに電話を！」と。パーリアの指導教員であったアラン・ブルームもまた、真実と美のためには美と趣味の差別化が必要だという考えを支持し、相対主義的な思考はニヒリズムへと傾斜する不安定な坂道だと考えている。ブルームは次のように書いている。「スタンフォード

著書が大学におけるポリティカル・コレクトネスの実態を明らかにしてベストセラーになった。右派的論調や陰謀論の映画制作で物議を醸すことも多々。違法な選挙献金で有罪判決を受けたことも。

ロジャー・キンボール
米の保守運動家。保守系出版社エンカウンター・ブックス社主。現代人文学が学術界で既得権益＝終身在職権をもった左派によって政治化され、破壊されようとしていると主張。

スタンリー・フィッシュ
米の文学理論家。「テクストは共同体の解釈によって読まれる」という文化・文芸論の解釈共同体理論で知られる。著書に

の学生たちは長続きしないイデオロギーを吹き込まれる定めにあり、人間の目下の時間と情動に対するいかなる知的な抵抗も存在し得ないと教え込まれている」、「現在に完全に屈服し、現代を判断するための基準の探求を放棄することが、まさしくアメリカンマインドの終焉を定義するものであり、これ以上にわたしの主張を困惑させつつも立証するものをわたしはもう望むことができない」。それ以降、リベラルの現在主義に対する批判は、オルタナ右翼による「近年」という表現の使用のなかに手際よく要約されている。「あなたはまだそんな意見なんですか、もう2017年ですよ!」というリベラルの主張をからかって説明するやり方だ。

バークリー校のニューレフト運動のキーパーソンである**トッド・ギトリン**は、キャンパスでの争いをめぐって左派の側からの内部批判をおこない、左派が「英文学科を行進しているあいだに右派はホワイトハウスを手に入れた」と主張した。ギトリンの考えによれば、平等の要求は普遍主義に基づくべきであり、大学で見られるアイデンティティに関する相対主義的な考えは、今日のTumblrの世界で増殖し続けるアイデンティティにその論理的な帰結を見ることができるが、それは「平等性の黄昏」を表している。インターネット文化戦争と現代のキャンパスでのアイデンティティ戦争からの副産物とも並行しているが、ギトリンによるアイデンティティの批判は、「民主社会を求める学生組織(SDS)」が普遍的な目標とアイデンティテ

『このクラスにテクストはありますか』など。

トッド・ギトリン
米の社会学者。SDSの元議長。著書に『60年代アメリカ 希望と怒りの日々』など。

ィ・ポリティクスをめぐる内部分裂により瓦解したときに生まれた。急進的な相対主義は「共通の夢の終わり」をもたらし、「アイデンティティという陳腐な文句が、誕生の事実、外見、国籍、性別、あるいは身体の障害を元にして、地位や伝統、深いレベルの真実などを推測させるよう促すアイデンティティ・ポリティクスの基礎となっている」。ジョーダン・ピーターソンや彼以上に右寄りの人々の口から直接出たかもしれなかった言葉を用いて、ギトリンは「辛辣な偏狭さがアカデミックな左派から発している」と述べた。

1996年、今なお学術界に取り憑いている有名な悪ふざけが、ニューヨーク大学とロンドン大学の物理学教授**アラン・ソーカル**によって企てられた。ソーカルは、ポストモダン的文化研究のジャーナルで、編集委員にフレドリック・ジェイムソンやアンドリュー・ロスといった当時の有名人が名を連ねるソーシャル・テキスト誌（Social Text）に論文を投稿した。投稿された論文のタイトルは「境界を侵犯すること　量子重力の変換解釈学に向けて」というものだった。この論文は「ナンセンスによるリベラル的な味つけ」が意図的になされたもので、重力は社会的な構築物だと提起している。そしてソーカルは、論文は「左翼的な隠語とおもねるような参照文献、大げさな引用と明白なナンセンスの寄せ集め」だということを明かした。

数々の大学キャンパスをめぐる争いは、マイロのキャンパスツアーから、「**Real**

アラン・ソーカル
米の物理学者・数学者。難解なポストモダン哲学用語を散りばめたでたらめな論文が、編集担当が間違いに気づかないままメジャーな学術研究誌に掲載されていたこの一件は「ソーカル事件」と呼ばれている。

Peer Review」というTwitterアカウントにまでつながっている。このアカウントは、カルチュラル・スタディーズや研究誌の学術論文特有の馬鹿げたタイトルや要約を、時に論文を引用してあざ笑った。氷河を対象としたフェミニスト的分析、デブ男の男性性など、あらゆるものが嘲りの対象となった。これも現代の状況として興味深いことだが、ソーカル事件のあとで、とある学術的な会議は、ジュディス・バトラーをキーノートスピーカーとして招聘し、「左翼的保守主義」とでも名づけられるような何かが現れつつあることを主題として扱った。この学術会議には自らを左派的な立場にいると見なすソーカルのような人物も含まれているし、左派にいるソーカルの支持者も含まれていた。後者のなかには**バーバラ・エーレンライク**のような、特異で独立精神の強い左翼もいる。エーレンライクは『ニッケル&ダイムド　アメリカ下流社会の現実』といった本のなかで、常に貧困や労働者階級の生活の問題を理解しやすい仕方で書こうと努めた人物である。もちろんこの会議での「保守的」という語は皮肉を込めた意味合いで用いられている。つまり「左翼的保守性」とは、特定の人々や思想、そしてプライヴェートでは左派に好意的だったかもしれない人々を、「立派な」学術的言説から撃退しようとするものだと考えられている。

わたしたちは今なお同種の文化戦争を経験している。Tumblr的左翼を形成した概念を考え出した思想家をひとりあげろと言われれば、それは疑いなくジュディス・

Real Peer Review
リベラル系の差別やフェミニズムなどの学術論文をとりあげて、批判や嘲笑を繰り返す匿名アカウント。

バーバラ・エーレンライク
米の社会活動家、ジャーナリスト。著書に『魔女・産婆・看護婦　女性医療家の歴史』など。

バトラーになるだろうし、左派の側にいてアイデンティティを志向する文化左翼を批判し続けている人たちは、今なおギトリンやエーレンライクに近い歩調にいる人たちと重なる。パーリアは今ではオルト・ライトからは「基礎を築いた女神」と見なされ、彼女の著作は**クリスチーナ・ホフ・ソマーズ**によって若い世代に伝えられている。他方で、純粋に保守的なシュラフリーのような保守的右派は、本章で説明されたもののなかでは唯一死に絶えたが、その理由は現在の新しい右翼がかつてのニューレフトと同じくらい侵犯的で決まりを破るものだったからだ。しかし、フェミニズムや一般的な原則、文化的マルクス主義や西洋世界への対抗といった問題に対しては、オルタナ右翼は運動を続けている。

クリスチーナ・ホフ・ソマーズ
米のフェミニズム批評家。著書『誰がフェミニズムを盗んだのか』では、第一波フェミニズムまではほとんどの人が異議がないとして、それ以降のフェミニズムの動向を「ジェンダー・フェミニズム」と名付けて批判。女性の法的平等と機会均等をめざす「エクイティ・フェミニズム」を支持した。

第6章

マノスフィア（男性空間）に入会すること

Entering the manosphere

近年、フェミニズムが拡張しウェブ上で繁栄を見せている。だが、永遠に続くかのような過激なジェンダー・ポリティクスが、男性的なものを否定する言説をフェミニストのダークウェブ空間からメインストリームへと移行させて一般的なものにしていく状況のなか、男性中心主義者による反フェミニズムのポリティクスもふたたび発展を見せている。オルタナ右翼のレトリックのなかで中心的なものだった「レッド・ピル（赤い薬）を飲む」という比喩は、インターネット上の右翼の異なる層と絶え間なく影響し合う男性中心主義で反フェミニズム的なポリティクスのサブカルチャーにとっても中心的なものだった。こうしたウェブ上の反フェミニズム的運動と結びついた多くのサイトやサブカルチャーや自己認識が増大し、それが別の文化政治を進めていたならば、「デジタル革命」として記録されていたであろうことは疑いない。これらのサブカルチャーは、しばしばお互いに敵意を抱いていたり、政治的哲学的に重要な違いがいくつかあったりしたが、見ていた者たちはそれらをひとまとまりで「**マノスフィア**（manosphere）」と表現した。この単語は、男性の健康の軽視や自殺、あるいは社会的サービスの不公平といった進歩的な男性問題を扱うアクティビストたちに始まり、独身性への望まざる強迫やヘイトに満たされ、ルサンチマンをたっぷり含む、きわめて恐ろしいレベルのミソジニー文化に占拠されたインターネットの不快な一角にまでいたる、あらゆるものを説明するために用

マノスフィア
「男性世界」や「男性空間」という意味。

いられてきた。

炎上ばかりで光がささないような典型的な文化戦争の側面を探究する前に言っておくが、男性の権利運動のなかにもみられる、公正さを求める純粋に平等主義的な目的に対して、わたしはいっさい共感を示していないわけではない。法廷における公正で平等な扱いはあらゆる人がもつ権利であり、男子のほうが学校の成績が悪い状態がずっと続いていることや、高い自殺率、男性ならば悪く言ってもいいという一般的な文化は、すべて批判を受け改善されねばならない。多くのフェミニストや、わたしもそこに含まれているような［女性の］運動が、こうした男性の問題については不寛容で独断的であるという点では彼らは正しい。だが、インターネット空間を観察してみると、凶暴で憎悪に満ちたミソジニーや、辛辣で陰謀論的な考え、あるいはそうした思考のなかに流れる一般的な意味でのひどい性格を否定することが単純に不可能になっている。それゆえ、わたしのここでの説明は、Tumblrリベラリズムや4chanあるいはその他のものの最悪な部分の説明と同じように、一般的に「男性の運動」と呼ばれるものの描写ではなく、ウェブ上で栄えたさらにダークな最下層を説明するものだと述べておきたい。

本来の男性運動は、厳格で伝統的な性役割を批判するものとして、フェミニスト運動や性の解放運動から派生し、それと並行して発展した。このことを知れば、掲示板に粘着する大勢の住人は恐れおののくだろう、男性ジェンダー学の**マイケル・キンメル**はそう述べる。男性の解放はのちにフェミニズムの動きから離れて発展したが、その理由は、フェミニズム第二波が徐々に男性に対して敵対的になり、レイプやDVをめぐる物言いのなかで男性全体を批判したことにあった。男性の社会的役割の経験についての問題は、さまざまな思想家の話題となり、大きく異なった方向性をもつ党派に取り上げられたので、分裂傾向は強まった。男性の運動が、男性が排除され差別を受けていた制度を最初に集中的に取り上げるようになったのは、90年代になってからのことだ。

この経緯のなかにも、異なるタイプの男性運動が存在していた。イギリスでは「性差別に反対する男たち（Men Against Sexism）」や「新男性運動（New Men's Movement）」などの進歩的な団体があったが、それらは今日流行りのウェブ上でやかましい反フェミニストのオルタナ右翼から「女々しい男ども（manginas）」というレッテルを貼られている。アメリカの男性運動のスローガンのもとでは、「約束の守り人（Promise Keepers）」のようなキリスト教系男性団体や、詩人**ロバート・ブライ**による神話詩運動など、多様な方向性の団体が存在していた。ブライによる運動は、近代の女性化し個別化した社会での生活によって失われた男性的な権威を探究するものだった。とりわけアメリカでは、ジャーナリストの**スーザン・ファル**

マイケル・キンメル
米の社会学者。「全米性差別反対男性組織（NOMAS）」や「男性と男らしさ研究センター」での活動も行う。

ロバート・ブライ
神秘的で内面的な詩で、ベトナム反戦を訴えた作品などを発表。松尾芭蕉や小林一茶などの日本の俳句などの翻訳も。『アイアン・ジョンの魂』では、男らしさを失った現代の男たちがどうあるべきかをグリム童話をもとに論じ、ベストセラーに。

スーザン・ファルーディ
米のピューリッツァー賞受賞歴もあるジャーナリスト。1980年代のフェミニズムに対する逆風を書いた『バックラッシュ 逆襲ーディが第二波フェミニズムに対する「バックラッシュ」の時代だと説明した90年代において、今日の用語で考えられるような男性運動の定式化が広まったが、これはフェミニズムに対する敵対性を必要条件としていた。

フェミニズムが政治的な敵対勢力となったと同時に、限定されていた伝統的な男性の性的役割に対する批判は、男性性それ自体の称揚に取って代わられた。より明白な反フェミニズムの男性政治運動のこうした波には**「自由な男性による国民連合**（National Coalition of Free Men）」も含まれる。この連合は**ワレン・ファレル**による『男性権力の神話《男性差別》の可視化と撤廃のための学問』や**ニール・リンドン**による『性別の戦争はもういらない　フェミニズムの失敗（No More Sex War: The Failures of Feminism）』といった著作の影響を受けていた。彼らは男性特権という考えは拒否して、父親に対する差別や男性への暴力に問題を絞っていた。とはいえ、インターネット以前の男性権利を求める活動は、そのもっとも戦闘的な形態のものでさえ、2010年代にウェブ上に出現した反フェミニズムと比べると、分別ある温和なものだと今では思える。現在では、さらにあからさまなヘイトに満ちた文化が匿名性のもとで解き放たれ、右翼的な性格を強め、男性権利の活動によるフェミニストへのもっとも否定的な風刺が現実となっている。男性権利運動は、怒りと憎悪に満ちた熱狂的な性差別主義となった。

される女たち』では、全米批評家協会賞を受賞。

自由な男性による国民連合
1977年から活動する米最古の男性権利擁護団体。

ワレン・ファレル
「マスキュリズム（男性差別に反対する権利運動や思想）」の提唱者として知られる著述家。徴兵制度や離婚時の親権問題など、男性差別の実態と男性の権利擁護を主張している。著書に『男性権力の神話《男性差別》の可視化と撤廃のための学問』など。

ニール・リンドン
英のジャーナリスト。「男性は二級市民である」と

Reddit内のフォーラム「レッド・ピル（The Red Pill）」は、こうしたウェブ上の反フェミニスト政治活動が発展し、ウェブ上で復活するために中心的な役割を果たした。リベラリズムという精神の至福の牢獄から、男嫌い（ミサンドリー）の社会という抑制の外れた現実への覚醒を説明するために、反フェミニストたちはこの「レッド・ピル」という語を用いていた。またそれと同時に、過激なオルタナ右翼は、同じくらいの価値を持つ人種意識の覚醒を説明するためにこの語を取り入れた。**AlternativeRight.com**というサイト［現在は閉鎖］では、「レッド・ピル」および「レッド・ピルを飲んだ」という表現は、基本的な比喩であり、好んで用いられた表現であった。Redditの「レッド・ピル」フォーラムでは、虚偽のレイプ告発、女性による男性への暴力、女性器の神格化や「ゲーム」の是非について男たちが議論を交わしていた——「**ゲーム**」は、2005年のニール・ストラウスの著書『ゲーム（The Game）』に由来する、「**PUA**（Pick Up Artist＝ナンパの達人）」的スタイルを意味している。振り返ってみれば、今日のナンパ術のフォーラムと比べると、ストラウスの本は相当に温和で攻撃性に乏しい。現代のナンパ術のフォーラムは、気が乗らない女性を餌食にして屈服させる詐術のための、悪しきダーウィン主義のガイドブックのようになっている。Redditや反フェミニズム的マノスフィア内の他のフォーラムでおこなわれるこうした議論では、性的なことに関する苛立ちや、進化

男性差別の実態を主張し、メディアから激しいバッシングを受けた。

AlternativeRight.com
白人至上主義者のリチャード・スペンサーが2010年に開設。

ゲーム
日本でも2012年に邦訳された「ハリウッド発の非モテ男脱出計画」、「退屈な人生を変える究極のナンパバイブル」。米英ではベストセラーとなった。

PUA
日本語では「ナンパの達人」だが、もっと計算高く、女性をゲームの要素のように蔑視する意味合いがある。

論的ランクづけに対する不安、さらに女性を「無価値な女性器」、「かまってちゃんのヤリマン」、「ペニスの回転木馬にまたがる連中」といった表現をすることで頭がいっぱいの激昂したミソジニーが容赦なく湧き出ている。

マノスフィアのフォーラムの文化に浸透している特徴的で一貫した偏見のひとつに、ベータ男性とアルファ男性という考えがある。彼らはいかに女性たちがアルファ男性を好み、ベータ男性のことは軽蔑して利用するか完全に無視するかのどちらかだと主張する。ベータ男性とは、荒れ果てて堕落した社会階級のなかにいるランクの低い男性を意味する語で、この考えを通して、彼らはあらゆる人間の交流を解釈する。「いい人」どまりのベータ男性から性的に成功を収めるアルファ男性になるため、**ルーシュ・V**（別名 ダリュシュ・ヴァリザデー）のようなPUAのブロガーをフォローする人もいる。ルーシュ・VはPUAとしてデビューし、のちに新しい男性主義者と自称し、オルタナ右翼の過激な連中とつるむようになった。ルーシュはこうしたオルタナ右翼たちと、フェミニズムが文明の没落の主な原因であるという信念を共有し、共通の地盤を見つけたのだろう。彼はオルタナ右翼の書き手**ケビン・B・マクドナルド**の著書『批判の文化（The Culture of Critiques）』に対して肯定的な書評を寄せた。書評のタイトルは「ユダヤ人の知性主義と社会活動が西洋文化に与えるダメージ効果」というものだった。

ルーシュ・V
「ネオ・マノスフィア（新男性優位主義者）」と呼ぶ人も。2023年にアルメニア正教会に改宗し、過去を悔い改めるとして、現在はネット活動を停止している。

ケビン・B・マクドナルド
進化心理学研究者、元大学教授で反ユダヤ主義の著述家。その著作の多くは陰謀論とみなされている。白人至上主義のオキシデンタル・オブザーバーの編集者でもある。

とはいえルーシュが最初に知られるようになったのは、『ヤる（Bang）』と呼ばれる本のシリーズだった。これは女性をうまく扱ってセックスに持ち込むために、攻撃的で人を操縦する社会ダーウィン主義の思想を帯びたアプローチのスタイルを主張する本であり、ルーシュは様々な国を旅しては戦略を書きとめ、フォロワーたちにアドバイスを授けた。ルーシュは常にロマンチックな性格で、電子書籍やブログを使って「無慈悲なまでに最適化されたプロセス」を詳述し、それによって「わたしは自分のペニスを」多くの女性に「入れることができた」と言う。ルーシュのウェブサイトは「王たちの帰還（Return of Kings）」と名づけられているが、これはマノスフィアのなかでも、もっとも悪名高いミソジニーのサイトである。

ルーシュは平等を基礎とする男性権利のアクティヴィズムと同じではないし、「わが道を行く男たち（MGTOW: Men going in their own way）」とも異なる。ルーシュは彼らを「性的敗者」「つらい童貞」と呼んでいた。「王たちの帰還」には、「生活保護を受けている人間は死ぬべきだ、と生物学は主張している」とか「女性のボスのために働くな」、あるいは「摂食障害の女の子とデートすべき5つの理由」などのタイトル記事が含まれている。ルーシュは、半ば政治的な理由から自分は女性にオーラルセックスをしないと言っていた。彼はデンマークの女性について不平を述べ、強力な福祉国家とフェミニズム文化が原因で、旅行で行ってもデンマーク人とはそれほどセックスができなかったと主張した。東欧のある場所で受けたインタビューで、ルーシュは自分は東欧のほうが好きだ、なぜならここでは女性たちがより「伝統的」だからだ、と述べている。

ルーシュはまた、トランプの勝利は自らの運動の勝利だと考え、「わたしは力みなぎる国にいるので、わたしたちと同じ方法で女性を10段階でランクづけし、見た目と女らしい態度によって女性の価値を測る大統領を迎えるに至った」と述べ、さらに「わたしたちは怠惰と卑俗さを超えた運動と階級を培う女性的美という理念の重要性を知らせるために、〈トランプはヤるだろうか?〉という名の新しい展開を打ち立てねばならない」と続けた。

ルーシュは「レイプのやめかた」という記事をブログに投稿し、意図的に注目をひきつけた。そこには次のように書かれている。

もしわたしの提案によってレイプが合法になれば、女の子は財布やスマートフォンを守るのと同じ方法で自分の体を守ることだろう。レイプが合法になれば、よく知らない男にベッドルームに引き摺られるのに、抵抗もできないような麻薬でラリった状態になることもないだろう――傍観者が周りにいるあいだに、男に対して叫び声をあげ、わめき、キックするだろう。レイプが合法になれば、誰も付き添う人がいない状態で、寝たくもない男と一緒にいることはなくなるだろう。国中にこの法律を数か月触れ回ったあと、この法律を施行すれば、レイプはその日から実質なくなるだろう。

ルーシュはこのテキストは「風刺」だったと主張している。これがどう風刺として読めるのかはわからない。だが風刺的な、あるいは訳知り顔のスタイルを試みた投稿がうまくいかなかったということはたしかだ。風刺が機能しなかった第一の理由は、ルーシュ独自の見解が風刺的に説明されていた人たちのものとあまりに近く、そうした人たちのバカさ加減をわかっているというレベルではないことにある。ルーシュのスタイルの典型例は、次のようなものだ。「自分が出会うあらゆる女の子たちについて、わたしはあらかじめ、彼女たちは無価値で汚い売女だ、という意見を設定している。そうでないと証明されることもあるけれど」。風刺作家ジョナサン・スウィフトのそれとは程遠い「風刺」である。この投稿の結果、Change.orgでルーシュのカナダへの入国を禁じるよう嘆願する運動が起き、38000人がそれに署名した。

男性権利を求める古いスタイルの政治活動だが、PUAやRedditの文化政治とは異なるものとして、「**男たちのための声**（A Voice for Men）」が、近年ではおそらくもっとも重要な男性の権利運動についてのウェブサイトである。このサイトはポー

男たちのための声
もっとも影響力があるといわれる男性権利擁護

ル・イーラムによって創設、運営されてきた。本稿の執筆時点で、サイトのメインページでは2冊の書籍が宣伝されていた。一冊目は『女性嫌いの回想録　男たちのためのエロティックな小説（Memoirs of a Misogynist: An Erotic Novel for Men）』というもの、もう一冊は『アニータ・サーキージアンの誘惑（The Seduction of Anita Sarkeesian）』で、パンツに手をかけておろそうとしているアニータのラフなイラストが表紙に大きく描かれていた。そこには「アニータのことを嫌いならば、この本を買ってあいつを苛立たせよう」という説明書きもついていた。特集記事には「女性たちがレイプについて嘘をつく13の理由」や「すべての女性は小児性愛者であり、それが彼女たちのすべてだ」が含まれていて、後者は１９７８年の**マリリン・フレンチ**による「すべての男性はレイプ犯、それが男たちのすべて」を示唆している。このサイトはフェミニズムの歴史のなかにある最悪の言い回しが過剰に掲載されたカタログのように読める。ただし逆の性別を扱っているのだが。

２０１１年に、イーラムはドキシングサイト「Register-Her.com」を立ち上げ、「レイプ、暴行、淫行、殺人などの直接行動、あるいは他人に対して犯罪の虚偽告発をすることによって、罪のない個人に重大な被害を引き起こした」とサイトが断定する女性の個人情報を公開した。この監視戦略は文化戦争の両陣営に広まり、ハラスメントやストーカー被害、評判や仕事、人間関係を失わせるなど、現実世界で

運動のサイト。開設者のポール・イーラムはフェミニストを男性嫌悪主義と批判し、フェミニストや虚偽のレイプ被害を訴える女性の個人情報の暴露サイトRegister Herも運営している。

マリリン・フレンチ
ラディカル・フェミニストの作家。その小説『The Women's Room』に「すべての男性はレイプ犯、それが男たちのすべて。男たちは、目で、法律で、規範で女たちを強姦する」というセリフがある。

の深刻な結果を引き起こすものとなる。リストには数々の罪で監獄に送られた女性も含まれているが、すでに釈放された女性も含まれているし、「虚偽告発者」として裁判で有罪宣告されるには至らなかったレイプ被害者の女性もリストに上がっている。

イーラムの元妻と娘は、彼は二度、別々の家族から妻子を捨てたと言い、またイーラムが「男たちのための声」だけを仕事にできたのは、生涯にわたって彼を金銭的にサポートしてきた女性たちのおかげだったと、Buzzfeedの記事で暴露している。イーラムは、家庭裁判所による父親の扱いの仕組みが**ジム・クロウ**法に比すべきものであり、「マフィアから保護してもらうためのお金を払うかのように、父親たちは子どもの養育費を払っている」と述べる。さらに同記事によれば、イーラムは、彼の最初の妻が、彼の親権を放棄させるためにレイプがあったと嘘をつき、養育費を払うのを避けようとしたと言って彼女を告発したとされている。暴力的で虐待する父親がいたにも関わらず、これは「女の世界」だということに若い頃に気づいた、イーラムはそう主張している。

イーラムは「幸福な女嫌い（The Happy Misogynist）」という名前でブログを執筆していた。２０１１年に、フェミニストのライターであるジェシカ・ヴァレンティの個人情報が「Register-Her.com」に登録され、イーラムはラジオで「俺たちは、

ジム・クロウ
顔を黒塗りしたコメディアンによるショーの黒人奴隷の登場人物。黒人差別を象徴する人物として、公民権法廃止の１９６４年まで続いた、米南部諸州における黒人取締法のことをジム・クロウ法と呼んだ。ここでは、白人男性がかつての黒人奴隷のように虐げられている、という意味。

麻薬中毒の女を襲う**ロン・ジェレミー**のように彼女に襲いかかるつもりだ」と話した。ヴァレンティは、脅迫的な悪口に打ちのめされたので、FBIにコンタクトをとって事態が沈静化するまで家に帰らなかったと言った。あるブログ投稿で、イーラムは次のように書いていた。

レイプを正当化する理由は何もないと怒って指摘するあらゆるポリティカル・コレクトネス的要求が、愚か（そして傲慢）だという理由で殴打されレイプされる女性が多数いるという事実を変えることはないだろう。そうした女たちはあまりに愚かなので、「わたしは愚かで企みをもったあばずれ女です――レイプしてください」と書かれたネオンサインが彼女たちの空っぽでナルシスト的な頭の上で輝いているような状態で人生を過ごしているのだ。

外部にいる者にとっては、反フェミニストのインターネット世界には一貫性があるように思えるかもしれない。だが実際は、あらゆる政治的なサブカルチャーで目にするのと同じように、そこは内紛状態で壊滅している。マノスフィア内にも重要なサイトはいくつかあるが、そのうちいくつかはすでに廃止されたり閲覧禁止になっている。Redditのスレッド「レイプの哲学（PhilosophyOfRape）」はそのひとつで、

ロン・ジェレミー
ポルノ映画最多出演の経歴を誇る男優。ペニスの長さが売り物。2021年に、二十数年にわたる女性に対する性的暴行で起訴されたが、認知症のため無罪となった。

フェミニストたちに対する「集団レイプ」を奨励するようなトピックも見られる。ほかにも、「The Counter Feminist」というブログや、「Love-shy.com」、/r/板の「男の権利（Mens Right）」スレッド、「The Anti-Feminist」や「SlutHate.com」というサイト、そして意図せずして独身のままでいるベータ男性のための/r/板の**インセル**スレッドなどがある。反フェミニストとPUAにアドバイスを求めるフォーラムは、しばしば自分を「ナイスガイ」だと認識する連中から生じたものだが、女性に対する彼らのコメントは、彼らの自己感覚に誠実な反省が欠けているかもしれないと考えさせる。PUAを嫌うフォーラム（PUA-hate）もある。このフォーラムはナンパ術を詐欺の一種と見做してそれを批判する人々のためのもので、彼らによれば、男性が「愚かなあばずれ女」に好印象を与えるためボディビルや「ゲーム」の学習を通して自らの振る舞いを変化させるのは、男としての責任を過剰に捉えすぎているからだという。この「あばずれ女（stupid sluts）」という語は、ベータ男性の彼らにとっても、努力を払いたくないがゆえに自分たちの怒りの対象になるような女たちを常に意味しているように思える。

より明確にオルタナ右翼的なサイトのなかで、反フェミニズムの領域と人種差別の傾向を持つ領域も交わりはじめた。「誠心誠意の城（Chateau Heartiest）」は、男性権利運動家（MRA: Men's Right Activist）とPUAのブログで、ジェームズ・C・ウェ

インセル
もともと「Involuntary（望んでいない）Celibate（禁欲）」の略で、容姿などの事情により、女性と交際ができない男性のことだったが、転じてインターネットのコミュニティなどで、交際できない女性を恨み、もっぱら攻撃的な傾向をもつ人たちのこと。

イドマン（別名「DCのロワッシー」）によって運営され、そこでは進化心理学、反フェミニズム、白人擁護が混在している。ブログのなかでジェームズは、女性たちの経済的自由が文明を崩壊させると述べる。彼は白人の文明は人種混交、移民、フェミニズムの影響による白人女性の低出生率によって破壊されている最中にあると考えている。彼の考えでは、この没落は、マイノリティを退去させて家父長制を復活させることによってのみ防ぐことができるという。

反フェミニズムのブロガーであるヴォックス・デイは、オルタナ右翼を自認する、ゲーマーゲートの初期の支持者であった。彼はまた、『社会正義の戦士はいつだって嘘つき　思想警察を解体する（SJWs Always Lie: Taking Down the Thought Police）』という本の著者でもある。他のあらゆる反フェミニズムのオルタナ右翼と同じく、ビール［ヴォックス・デイの本名テオドア・ロバート・ビール］もまた、西洋のフェミニズムが文明への脅威だと思っている。彼は夫婦間レイプという考え方に反対し、たとえば「夫婦間レイプという考えは矛盾した語法というだけではなく、結婚制度への攻撃であり、実際ある法への攻撃であり、さらに言えば、人間文明それ自体の中核をなす基礎への攻撃である」と述べている。**ジャック・ドノバン**も男性権利運動とオルタナ右翼とが重なった人物であり、「AlternativeRight.com」で自らを「アンドロフィリア（男性同性愛者）」と公言している。

ジャック・ドノバン
米の白人至上主義の活動家。ゲイであるが、LGBT運動に対して敵意をもっている。ネオペイガニズム（キリスト教以前の欧州の宗教や神話の信奉者）の集団にも属する。

「わが道を行く男たち（MGTOW：The Men Going Their Own Way）」運動はストレートな男性による分離主義の団体で、メンバーはフェミニズムによって破壊された文化に対抗し、それに抗議するために、女性とのロマンチックな関係を避け、その代わりに個人的な成功と女性からの自立を選択した（ということになっている）人たちからなる。大げさな言葉遣いから連想されることだが、罰と復讐が彼らのモチベーションの中核にある。そのことは、彼らの忠告のなかにたいてい、人をだまし立ち去り、お金のために利用する「ビッチ」についての言及が辛辣に散りばめられていることからわかる。彼らが好んで話題にするのは、二十代のあいだずっと「ペニスのメリーゴーラウンドにまたがり」、三十代にさしかかるとデートの場面のための「在庫」が減少してきたことを発見する女性たちだ。オルタナ右翼と同じく、彼らもフェミニズムが西洋文明を破壊したと信じていて、女性たちが彼らの子どもではない子どもたちを育てさせようと企んだり、彼らを罠にかけるために意図的に妊娠したり、レイプされたと虚偽の告発をするのではないかと思っている。

男性の問題に関係するYouTubeでは、コメント欄にいるMGTOWの信奉者たちが、女性は考えなしに生物的衝動に導かれる無価値な存在だと表現し、結婚は拒否されるべきだと書き込んでいるのを見つけることができる。MGTOWには４つのレベルがあって、信奉者たちは自分の達成レベルや、「MGTOWになってから」の時間を伝えている。レベル0は、メンバーが「レッド・ピルを飲んで」フェミニズムを拒む段階だ。レベル1になると、MGTOWは長期にわたる男女関係を認めず、レベル2では短期的な関係や会ってすぐの関係も認めない。レベル3は女性からの経済的な離脱を要求し、レベル4は社会からの離脱を求める。レベル4になると、フェミニズムに毒された社会全体との交流を拒絶することになる。彼らのフォーラムでは、一夜限りの関係を話題にする者もいれば、レベルに応じてマスターベーションないしは買春だけに頼る者もいる。

マイロが「**セクソダス**（Sexodus）」についてブライトバート・ニュース・ネットワークに書いた記事によって、MGTOWは広く知られるようになった。記事内でマイロは、フェミニズムが普及した結果、男性が女性やロマンス、セックスや結婚から離脱するようになったことについて、それを励ますようなトーンで書いていた。ときにはフェミニズムがあらゆるところにあると論じ、またあるときにはフェミニズムの男嫌いのせいでフェミニズムも深いところでは女性たちに評判が悪いと論じているのを見ると、マイロもフェミニズムについての自分の考えを改めているように思える。しかしながら、MGTOWは他の攻撃的な反フェミニズム運動と合体するようなものではない。「王たちの帰還」内の「処女たちは自らの道をゆく」という記事は、MGTOWを「男性の負け犬たちによる卑屈なカルト」だと説明し、反フェ

セクソダス
Sex + Exodus（脱出）の造語。特に男性がセックスを求めず、それを理由とした対人関係を拒絶すること。

ミニズムのインターネットの内部での内輪のごたごたに留まるものだとした。MGTOWを扱った多くのYouTubeは、たいていは偽名で、話し手の画像もない。そこではロボットによる音声が奇妙なまでに共通する特徴となっている。それはほとんどニュースリーダーのようであり、拒絶されたことに対する多大な苦しさと傷を隠すための、説得力をもたない超合理性の声だ。

こうしたなかでもっとも興味をひくのは、「**プラウド・ボーイズ**（Proud Boys）」運動だ。この運動は**フレッド・ペリー**を着用するスキンヘッドというパンクな美意識をもっていて、「オナニー禁止（No Wanks）」の教説を広めようとする。創設者はギャヴィン・マキネスで、マキネスによれば、彼らの教義は「最小の政府、最大の自由、反ポリコレ、人種に基づく罪悪感に反対、銃所持賛成、反麻薬戦争、国境閉鎖、反マスターベーション、起業家崇拝、主婦崇拝」というものだ。マキネスはこれを80年代のハードコアな情景となぞらえ、「本当にボスが存在していなかった場所」と表現した。

彼らの活動は、パンクに着想を得たリーダー不在のDIY的やり方で、ロゴやタトゥー、画像イメージを作り出した。そこにはまた、半ば皮肉を含んだ男子校スタイルのいじめがあり、そしてまたもや「階層」のシステムがある。レベル1のプラウド・ボーイは、単に自分がプラウド・ボーイであると宣言すればよい。レベル2

プラウド・ボーイズ
Vice誌の元編集者ギャヴィン・マキネスによって創設された極右の直接行動主義集団。左翼過激派のANTIFAやブラック・ライヴズ・マターの抗議集団などとたびたび暴力沙汰を起こしている。米議会襲撃事件では、組織的関与をしたとして逮捕され、扇動共謀罪で主要メンバーに懲役10〜20年前後の実刑が言い渡されている。

フレッド・ペリー
日本でもおなじみのスポ

に上がるためには、あなたは「オナニー禁止」（彼らはハッシュタグ#NoWanksを用いる）を固く守る必要がある。これはポルノ鑑賞とマスターベーションを月1回に制限し、朝食用シリアルの5種類を言えるようになるまで殴られ続けなければならないことを意味している。レベル3では、プラウド・ボーイズと「オナニー禁止」に忠誠を誓うタトゥーを入れる。マスターベーションとポルノグラフィーはプラウド・ボーイズの（Vice誌のような、ある意味冗談ぽいがある意味そうでもない）哲学の中核をなしている。「X世代の男たちは、ますます弱々しく、ますます愚かで、ますます怠惰になっている。ミレニアル世代は、ああ、男女関係を追求することも望まなくなっている」とマキネスは言った。マキネスは若い男性に、そうではなく、「戦いを眺め」と励ましているが、これは、実際の人生で女性にアプローチすることを意味している。プラウド・ボーイズの背景にある考えは、オルタナ右翼と伝統的保守主義者に共通するもので、大きな衰退の物語を特徴としている。とりわけそれは、リベラリズムとフェミニズムの台頭による西洋の没落と退廃である。つまり、「すべてのリベラルな考えとともに、わたしたちは伝統を消し去り、それをより悪いものに置き換えてしまった」のだ。

こうしたウェブ上やサブカルチャーの多くで、失望を引き起こす矛盾と偽善をあなたは見つけるだろう。そうした人々は、伝統に伴う束縛や義務なしに伝統からの

ーツ・アパレル・ブランドだが、60年代にモッズの不良の若者の間で流行し、現在では欧州の極右やネオナチ、フーリガンなどが制服のように使っている。米ではプラウド・ボーイズが着用していたポロシャツがメーカーによって販売停止に。

利益を求めている。彼らはまた同時に、女性が性的選択と自由をもっている社会につきものの不安感なしに、セックス革命の最良の部分（つまり、人形のようで、肌がすべすべで、なんでも進んでやってくれるポルノ化された女性との性的成功）だけを求めている。だから、たとえば、ルーシュは「売女」たちのモラルの低さに不平を言いながらも、『ヤる（Bang）』のシリーズを通して、彼が実際には嫌いであろう、知らない女性との場当たり的で乱交的なセックスについて書く。プラウド・ボーイズの場合、その名前を口に出すだけで滑稽さを感じるものの、モラルのあり方との内的な一貫性を保つための試みが存在している。プラウド・ボーイズはより伝統的な生活に戻ろうと試み、とはいえポルノやマスターベーションに対する保守的な態度を選んで、「主婦の名誉を讃えよう」と主張する。推奨できるようなものではないが、少なくとも原則的には女性に対する露骨な憎悪は減少した。

しかしながら、マキネスは、Vice誌のスタイルに貢献したこともあるくらいの究極のパーティー好きで、ヒップスターで、快楽主義者でもあった。マキネスによるショーは、ポルノ女優をゲストとして呼び、10人の女性を順位付けしていた。この著しい矛盾は、女性たちに関することなら、すべてのオルタナ右翼に当てはまる。オルタナ右翼やオルト・ライトの美意識を生み出すもっとも重要な場所は何年ものあいだ4chanであったが、そこはポルノに満ち溢れ、あまりに不穏で、かつ意図的に人間性を失わせるようなものだったので、道徳的な感覚をなくした者でもない限り、嫌な気分にさせられるか、オルタナ右翼たちがそうしているように、バカみたいに嘲笑することしかできない。

最後に、もっとも興味深い例として、F・ロジャー・デブリンがいる。彼はオルタナ右翼のライター、白人国家主義者、男性権利運動をおこなう反フェミニストで、MGTOWの信奉者や反フェミニズムの右派たちから広く読まれている。彼はおそらく、より真剣な反フェミニズム的政治活動の理論化を試みた人物のひとりである。デブリンは**The Occidental Quarterly**誌の寄稿編集者だが、VDAREにも執筆している。彼の論考「権力の座にある性のユートピア（Sexual Utopia in Power）」は、「ゆるいモラルと混乱した性的役割を内包する今日の性的ディストピア」に反対している。この論考は「女性が自分より社会階層が上の人物と結婚すること（上昇婚）、ナルシシズム、不貞、詐欺、そしてマゾヒズム」を検討する。この論考はまた、「一夫一妻制の崩壊は結果として、少数のものに乱交状態を、大多数のものに孤独をもたらした」と論じている。

この最後の指摘のなかで、デブリンは反動的な性的ポリティクスを駆動させる核心に至ったようにわたしは思う。ひょっとしたらこれが、若い男性のあいだで右傾化が起こった背後にある個別的な動機の核心かもしれない。生涯にわたる結婚が凋

The Occidental Quarterly
2001年創刊の白人至上主義の雑誌。

落する幕開けとなった性的革命は、男女双方にとって、愛のない結婚という束縛と、家族のための献身的な義務という束縛からの、大いなる解放を生み出した。だがこのいつまでも続く青春はまた、子どもをもたない大人たちを生み出し、かなり極端な性的ヒエラルキーをもたらした。一夫一妻制の凋落の結果として出現した性的関係の数々のパターンとして、男性エリートにとっては性的選択の自由度が大いに増し、序列の最下層に位置する大勢の男性のあいだで独身主義が強くなった。最下層の男性たちの、自分たちのランクの低さに対する不安と怒りこそが、まさしく、世界のなかでの女性や非白人たちの階層を政治的に主張する強硬なレトリックを生み出したものなのである。拒絶されたことによる容赦なき痛みがフォーラムのなかで腐敗し、それによって彼らは、彼らに多大な屈辱をもたらす残酷な自然の諸階層の支配者になろうとしたのである。

　この精神的補償は何も新しいものではない。男性の身体的な強さ、ヒエラルキー、意志の力の行使に対するニーチェの偏愛は、彼の著作のなかでもナチスにいる彼の支持者たちをひきつけた箇所だが、それは同じように哀れな仕方で、ニーチェの身体状態の現実と対照を成していた——近眼、精神衰弱、慢性的な体調不良、消化器系の不調、そしてもちろん、女性たちからの無情な拒絶がニーチェの現実だった。

　独身かつ夢見がちで拒絶された若い男性が、望まざる独身男性のためのReddit

のインセル用サブフォーラムのようなスペースに溢れている。若い男性はそこにアドバイスを求め、自分たちの性的なフラストレーションを表明する。本書執筆時の/r/板のインセルスレッドの最新の書き込みは次のようなものだった。「部屋の壁を4時間見つめていた。普通の人たち（normie）が実存的危機と呼んでいるものも、インセルにとってはただの……人生だ」。オルタナ右翼による人種のヒエラルキーのポリティクスが生まれたのは、まさしくこの独身者の環境からである。もちろんそこが唯一の場所ではないが、テーマが反復されていることは何かを物語っている。最初に、こうしたフラストレーションを募らせた若い男性が、「ゲーム」という名の、女性を魅了することに関わる社会ダーウィニズム的な考えに触れる。次に、ゲームがうまくいかなかったとき、女性の邪悪でナルシシズム的な性質についてのミソジニー的な言葉を経験する。膨大な数で今なお成長を続けている反フェミニズム的なYouTubeのなかの、どれでもいいからコメント欄を見てみるといい。あなたはすぐに女性たちに対する特有の物言いを見つけるだろう。女性たちは無価値で、あばずれで、愚かで、太っていて、怠惰で、浅はかで、ヒステリックで、信頼できず、そして暴力による懲罰に値する、というのだ。マノスフィアとオルタナ右翼との相互交配のレベルを考えると、若い人たちがこうした考えに出会わないでいることは不可能だろう。確かに言えるのは、性的な序列の低いランクに位置していることに対する彼らの怒りは、時として極端な形で噴出する可能性があるということだ。

こうしたフォーラムの暴力的な空想を現実の生活に持ち込んだ人物のひとりに、「童貞の殺人者」**エリオット・ロジャー**がいた。ロジャーはカリフォルニア大学サンタバーバラ校の女子学生クラブの寮へと車を走らせ、なかにいる女性を虐殺しようと計画していた。ロジャーは建物内に入ることができなかったので、外にいる人間を手当たり次第に撃ち、最終的にほとんど男性ばかりを殺害した。自分の車のなかで頭を銃で撃って死んでいるロジャーを警察が発見して、凶行は終了した。ロジャーは最後に動画をYouTubeにアップロードしている。「エリオット・ロジャーの報復（Elliot Rodger's Retribution）」と題されたこの動画のなかで、ロジャーは彼を拒絶した女性たちを罰したいという欲望を説明していた。

そうだ、これはわたしの最後の動画だ。こうなるべくしてなったことだ。明日は報復の日、わたしが人間に復讐する日、君たち全員に復讐する日だ……。わたしは大学に2年半通った、実際はもっとかもしれない。だが今でも童貞だ。ずっとひどく苦しかった……。なぜ女の子がわたしに魅力を感じないのか、自分にはわからない。でもわたしは、それを理由に君たちすべてに罰を与えることにする……。わたしは完璧な

エリオット・ロジャー
2014年に起きた、死者6名、負傷者14名の被害者が出たアイラビスタ銃乱射事件の犯人で、インセルを自称。犯行時22歳。4chanなどでは英雄扱いされた。

男だ、なのに君たちは、あの胸糞悪い男たちに身を投げる。わたしにでなく、至高の紳士たるわたしにではなく。

ロジャーは怒れるベータ男性を表すコミカルで典型的な人物となってしまったが、それ以来、「至高の紳士」という語は、反フェミニズムのネット界隈でジョークとして残り続けている。ロジャーは『わたしのねじれた世界』という長大な手書きの自伝も残していた。彼はそこで性的なフラストレーションや、性的関係を持ちたいという彼の欲望を邪魔し続けてきた女性たちに対する憎悪を表明していた。彼はさらに性的にうまくいっている男性たち――彼はそうした男性たちを「獣」とか「動物」と呼ぶのだが――に対する激しい嫌悪や、ロジャーから見て自分より遺伝子的に劣った人種の男性と白人女性からなる人種混合的なカップルに対する軽蔑も書かれていた。ロジャーは「女性たちへの戦争」の話もしている。

「第二段階」は「報復の日」の、まさに虐殺のピークの直前に起こるだろう……女性たちへのわたしの戦争……わたしは、わたしが女性というジェンダーのなかで嫌っているあらゆるものを表している女の子を攻撃するだろう。サンタバーバラのなかで一番ホットな女子寮を。

4chanでは、事件が終わった日に、ある投稿者がロジャーの写真を投稿して次のように書き込んだ。「エリオット・ロジャー、至高の紳士、彼は/b/板の議論の一員だった」。それに対するコメント欄には「この男はなかなかのルックスだった。もし彼が一度もセックスしたことがなかったのなら、彼はあらゆるベータ男性の引導を渡すようなベータだったはずだ」という書き込みがあった。他にも「マニフェストには〈わたしは忘れない、わたしは許さない〉とか〈キスしたこともない童貞〉などとあった。彼はロクでもないやつ［＝/b/板のバカ］だった」と。ロジャーは「わたしは忘れない、わたしは許さない」と書いたのだ。

殺害事件の後、あるレポーターがPUAをヘイトするRedditのオンライン・コミュニティのメンバーと接触した。これはロジャーが何度も利用していたインセルフォーラムだが、そのメンバーは、コミュニティが「恨みを抱いた男たちが座って女性への憎悪を語り合う場だと言われてきた」けれど、それは間違いだと説明した。仰天するほどヘイトで満たされている場所がどのようなところかを説明しようとするときに常に直面する典型的な応答のなかで、そのジャーナリストは、そのフォーラムが「暴力的であるというより、もっと陽気で快活だった」ということを確信した。ジャーナリストはまた、そのフォーラムユーザーが殺人事件の直後に選んだハンドルネームが「エリオット・ロジャーは神（ElliotRodgerIsAGod）」だったということも強調した。

第7章

つまらないビッチ、普通の奴ら、そして絶滅寸前メディア

Basic bitches, normies and the lamestream

トランプの大統領選出後、ガーディアンからフィナンシャル・タイムズまであらゆるところで見られた好意的な分析は、トランプの勝利は「取り残された」と感じていた「普通の人々」の意見を反映した勝利だ、というものだった。**トーマス・フランク**は、左派の立場からリベラルの軽蔑に満ちたエリート主義を批判し、もっとも執拗な声を発した人物であった。

われわれリベラルは、労働者階級の何百万もの人々の不満、荒廃した都市、下降スパイラルに陥る生活が現実のものであることについて、わたしたちにも責任があることを認めることができない。人種差別をする彼らのねじれた魂を叱り、「新自由主義がたしかに失敗した」という現実に目をつぶるほうがはるかに簡単だ。トランプ主義は、この新自由主義の失敗を粗野で醜い仕方で表したものでしかない。

一般的な人々が、ポリティカル・コレクトネスによって疎外感を感じているという考えは、右翼の言説のなかでは珍しいものではなかった。しかし、あたかも右翼がずっとトーマス・フランクのような主張をしてきたかのごとく、サブカルチャーのエリート主義から唐突なプロレタリア的正義、あるいはいくばくかの**ノブレス・オブリージュ**へと移り変わっていくことも注目すべき点であった。それはあたかも

トーマス・フランク
民主党左派のバーニー・サンダースの支持者だが、2016年の大統領選挙でトランプの勝利を予測した数少ない評論家のひとり。著書に『リベラルよ、聞け 民衆の党になにがあったのか (Listen, Liberal: Or, What Ever Happened to the Party of the People?)』など。

ノブレス・オブリージュ
Noblesse Oblige（仏）は

右派が最初からずっとトーマス・フランクの議論を実証し続けているかのようだった。ところが実際は、右派は不平等に賛成し、厭世的で、経済的にはエリート主義の議論を、それらが自然なヒエラルキーに沿うものとして、ずっと進めてきた。わたしが2017年にバフラー誌（The Buffler）に書いたことだが、アン・コールターは長い間、ヒステリックで容易に扇動される群衆に対するエリートの恐れを強調してきた。コールターは、著書『悪魔的なもの　リベラルな群衆はいかにしてアメリカを危機に陥れているのか』のなかで、「リベラルな群衆がアメリカを破壊している」と述べ、群衆についての理論家で厭世的な者たちが好む**ギュスターヴ・ル・ボン**を援用していた。移民の過剰な人口増大と密集化についてのコールターの文章は、このテーマを直接延長したものであり、産業化し都市化した大衆社会の誕生以来、エリート界隈で一貫した理解がなされてきた。当初この理論は増加していく国内の労働者を対象としていたが、やがて新しい移民の波を対象とするようになった。

　選挙結果を受けて「普通の人々」という語りが新しいインターネット右派の至るところに突如として現れるようになる以前のことだが、「貧乏なんかやめちまえ（Stop Being Poor）」というTシャツを着たマイロの写真を見ることができた。これはマイロのアイドルのひとり、**パリス・ヒルトン**から引用した文句だ。選挙のあとで、マイロは白人の労働者階級についてトークをおこなった。保守派の支配者層は、

「高貴なものの義務」。古くは貴族や君主、現代では経済的な成功者や著名人などは、地位に応じた社会的貢献をしていかなくてはならないという考え。

ギュスターヴ・ル・ボン
仏の社会心理学者。著書に社会心理学の古典『群衆心理』など。

パリス・ヒルトン
ヒルトンホテルの創業者一族のモデル、実業家。スキャンダルや破天荒な言動でたびたび話題になる、お騒がせセレブ。「貧乏なんかやめちまえ」のTシャツは、リッチなパリスが着ていたとミームのネタになっていたが、本人は加工された写真だと否定している。

大衆が本来は伝統主義者の仲間であるという考えを信じていたが、過激派のオルタナ右翼はこの考えをもっていなかった。オルタナ右翼は、社会の大衆はリベラルでフェミニズム的な多文化主義に染められ洗脳されて、もはや救い難い状態にあると考えていた。移民に反対する右翼は、長い間、「真夜中までもう5分もない」と主張してきたが、すでに真夜中は過ぎてしまっていた。トランプ主義者たちが歴史を書き換えることに忙しくしているあいだ、このポピュリストの大統領の裏で、ウェブ上の若きトランプ主義の極右の尖兵による言葉は、大衆および大衆文化に対する極端なサブカルチャー的俗物主義という特徴を帯びるようになった。

アメリカのライター、**デイヴィッド・アウエルバッハ**は、彼が「匿名掲示板カルチャー（A-culture＝Anonymous culture）」と呼ぶ文化、あるいは匿名のchanカルチャーの決定的な特徴のひとつとして、「隠語と複雑なしきたりによってスノッブな連中がおこなう不断のいじめと、エリートの専門的な知識による管理によって、サブカルチャーの境界を大衆化から守ること」があるという。ガブリエラ・コールマンは、「テック的なマインドを持っていない人たちがインターネットにあふれるようになった瞬間から、トロールが増殖し爆発した」と書いている。コールマンはさらに続けて、「トロールたちはインターネットの岸辺に押し寄せてきた人たちに対して、ここにはギーク［テックのオタク］という階級があり、彼らはその名が示すよ

デイヴィッド・アウエルバッハ
GoogleやMicrosoftにいたこともあるソフトウェア・エンジニアで作家。Microsoftのメッセンジャーで、絵文字を最初に導入した人でもある。

うに、インターネットでの悲しみや地獄、悲惨さを引き起こすのだということを思い出させる」と述べる。コールマンの説明にはちょっとした賞賛と微かな承認のうなずき以上のものが含まれているようでもある。だが、わたしにとっては、彼女の説明は、chan周辺の文化全体がどれほど不愉快で厭世的であり、以前からそうあり続けてきたか、しかも、カウンターカルチャー的なスタイルと感受性こそが理由でそうなっているということについて、核心をついたもののように見える。その文化がオルタナ右翼とともにあれほど見事に炎上を見せたことは、まったく道理にかなっている。

鉤十字のタトゥーを入れた親ナチのハッカーであるウィーヴ（weev）は、コールマンがつねに長所を取り上げて論じている人物ではあるが、あるインタビューで大衆について次のような考えを述べている。

トローリングは基本的にはインターネットの優生学だ。みんなインターネットから離れればいいのにと思っている。ブロガーたちはクズだ。彼らは駆除されなければならない。ブログを書くことは、アホどもの群れに加わっているという幻想を与える……。こうした連中をオープンに入れる必要がある……。わたしたちは、**マルサス的な危機**へと向かっている。プランクトンは減り続けている。蜂は死んでいっている。

マルサス的な危機
人口は制限されなければ、かならず人類は破局の危機に至るという、19世紀の経済学者トマス・ロバート・マルサスの著書『人口論』の主張のこと。

メキシコではトルティーヤをめぐる暴動があり、ここ30年で小麦の値段はもっとも高い……。わたしたちが答えなければならないのは次のような問題だ。もっとも正しいやり方で60億人のうちの40億人を殺すには、どうすればよいだろうか?

下層階級の人口増加をめぐる不信感と不安は、オルタナ右翼による言論のなかでも、もっとも中心的な話題のひとつであり、口汚く混沌としたchanカルチャーから、本当のオルタナ右翼によるシリアスで長大な理論にまでおよんでいる。だが、これは目新しいものではない。文芸評論家**ジョン・ケアリー**は、マルサス主義者、優生学者、あるいはその他のエリートが、大衆社会や大衆文化に対してもつ偏見について書いていた。ケアリーによれば、19世紀を通じて、ヨーロッパの人口の貧困者数は3倍に増加し、産業化によって、より多くの労働者たちが、かつてはエリートたちのものだった都会の文化的な空間に溢れ出した。H・G・ウェルズは、「新しく生まれた者たちの途方もない大群」に絶望し、それを「20世紀の本質的な災厄」と呼んでいる。この見解が約百年後のweevにも響いている。詩人のイェイツが「民主主義的下品さの広がり」と呼ぶものと大衆の教養は、エリートと急速に拡大する大衆のあいだの区分の性質を速やかに変えていった。

こうした言説は、今日では、新しいインターネットの極右によって伝えられてい

ジョン・ケアリー
英オックスフォード大学文学部名誉教授。知識人のエリート主義批判の著作で知られる。

るように思える。だがそれはサブカルチャー的でメインストリームに反するスタイルを通して伝わったのであり、これはむしろ学術界や進歩的な人たちにとっていっそう好ましいものだった。なぜなら、学術界の人たちや先進的な人たちは、自分たちの政治的サークルに由来するこうしたカウンターカルチャー的なエリート主義を認めているのだから。わたしたちは、右派的なトロールのスタイルと近年の反フェミニズムとが生み出されたウェブ上の空間のなかに、複数の感受性がハイブリッドされたものを見ることができる――それはニーチェ的な厭世主義的感受性と、よりカウンターカルチャー色の強い『ファイト・クラブ』的な感受性の混合である。ニーチェは、今日に至るまで、オルタナ右翼を作り出してきたもっとも影響力のある思想家だが、「高位の人間が大衆に対して宣戦布告することが、〈余分なもの〉を支配するためには必要とされる」と警告している。

最初の頃は、メインストリームの保守的なメディアが4chan世界のトロールたちに対して見せた反応は、はっきりと道徳的で非難を示すものであったが、進歩主義の学術界の標準的な反応は（カウンターカルチャーと侵犯を暗黙に支持するもので）、それほど批判的ではなく、賞賛に近かった。FOXニュースは4chanを「インターネット・ヘイト・マシーン」と表現し、トロールたちのことは大雑把に、反社会的で口汚い厭世主義者の集団で、まだ母親と同居している、などと言っていたが、それと同時に、ウェブ上の世界のアナーキーな状態については、そこでのモラルの恐慌状態を嘲り、その側面を誇張した。

ほかのメインストリームのニュース局は、ウェブ上でのいじめやDDoS攻撃、およびFacebook上の追悼ページに注目した。**ホイットニー・フィリップス**は、トロールたちの文化政治を、より両義的に捉え、主流メディアよりもさらに寛大な言葉で説明した。そして、その極度の残酷さは、Facebookのポリシーとソーシャル・ネットワーク自体の「暗号化された独我論」にも責任があるとした。フィリップスは、被害者に対するトロールたちの行動の実際のインパクトを認識しつつ、4chanの/b/板のトロールたちは、「ヘゲモニーに反抗する愉悦に浸りつつ」、「確立されたメディアの言葉」と「現代の24時間のニュースサイクルに見られる愚かなわざとらしさ」を「ひそかに攻撃している」存在だと説明していた。彼女はFOXニュースによる4chanトロールについての忌憚のない解説を、トロールに対する「聞き手の反感を最大化する」試みだとみなし、「メインストリームのメディアによる発表は、とりわけヘゲモニーに反対する文化的空間を無力化することを目的としている」と述べた。

遅くとも2014年のことだが、4chanが過激な人種差別主義者とミソジニーたちで埋め尽くされていた時期に、ガブリエラ・コールマンは、ふたたび、さらにポ

ホイットニー・フィリップス
米のメディア倫理学研究者。トロール・カルチャーや陰謀論などの研究を行う。

ジティブな調子で、そこから発生したハッカー文化について述べた。

トロールたちのネットワークとして始まったものは、その大部分が、世界にとって力となった。インターネット上のもっとも怪しい場所のひとつからアノニマスが出現したことは奇跡的で、希望にみちた、陽気な幻想のような話だ。こうした集団による理想とグループのアイデンティティは、忌まわしくも恐ろしいトロールの炎のなかで鍛えられたものだが、そうした原初の状況を越えることが、本当に起こったのだろうか？ 4chanという汚物入れが、本当に、今日行動している政治的に活発で、道徳的に魅力的で、破壊的なレベルで突出した活動家たちのグループへと結晶化したのだろうか？ いくぶん驚くべきことだが、それが本当に起こったのだ。

4chan全域にわたるトロール文化がオルタナ右翼の美学とユーモアを推進する中心的な力になる数年前から、4chanはレイシズム、ミソジニー、人間性の喪失、扇情的なポルノやニヒリズムで満ちていた。chanカルチャーが、複雑でうつろいやすいという性質を考慮したとしても、その対象者が**トミー・ロビンソン**のような一般的なブルーカラーの極右であるならば、学術界で容認されていることを想像することは確かに難しい。ロビンソンの見解は4chanやweevのようなトロールたちより

トミー・ロビンソン
英の極右活動家。極右政党といわれるイングランド防衛同盟（EDL）の創設者のひとり。排外的な主張をもつ極右政党UKIPの政治顧問も務めた。この20年で5回の懲役刑を受けている。

は温和なものなのだが。主流派の価値観や嗜好を軽蔑しているものならば、なんであれ流入できるような空白地を生み出したのは、カウンターカルチャー的な侵犯という、まったくもって空虚で詐欺的な考えだった。今となってはこの文化の恐ろしさは全面的に露呈してきているが、それがヘゲモニーに対抗する力として進歩主義者によってロマンチックに描かれていたのは、こうしたことが理由となっていた。わたしが思うに、右翼のchanカルチャーも、ポリティカル・コレクトネスを超越した学術界の文化もともに、メインストリームのものならなんであれ軽蔑するというカウンターカルチャー的犬笛を理解していたということが真実なのだろう。

２０１６年の「4chanの新しい人類（The New Man of 4chan）」というエッセイのなかで、わたしはレイシストでミソジニーでインセルの無差別銃撃犯**クリス・ハーパー・マーサー**についての報告を執筆した。９人を殺害し９人を負傷させた銃乱射事件だ。彼が立ち上げたと考えられている4chanのスレッドへのリプライのなかには、これから犯すであろう殺人が説明されていたが、コメント欄に次のように書かれていた。「火炎瓶は持っているか。たくさんの普通の人を殺すには、実際に簡単で痛みの多いやり方だ」。他のコメントには「**チャドとステイシー**がターゲットとなるべきだ」とあった。これは普通の人を表す4chanのミームで、チャド・サンダーコック（Chad Thundercock）とそれと対応する女性ステイシー（Stacey）は、この

クリス・ハーパー・マーサー
２０１５年に米国オレゴン州の大学で起きた無差別銃撃事件の犯人。26歳の独身男性。6丁の銃で武装して大学に乱入し、警察との銃撃戦のすえに自殺した。4chanの/r9k/板に「明日、学校に行かないように」と反抗をほのめかす投稿をした末の行動だった。

チャドとステイシー
/r9k/板で使われていた、容姿や体格などに恵まれたモテる男性（アルファ男性）の蔑称。その男性に女性がステイシーと呼ばれた。

普通の人のミームが具体化したものである。

こうしたインターネット文化を理論化するための批判的なやり方の多くが、音楽のサブカルチャー研究に由来している。チャドとステイシーは、「シャロンとトレイシー」という、より女性的だが同じようにしかめ面の存在を思い起こさせる。これは、**サラ・ソーントン**によるポップ・サブカルチャーとカウンターカルチャーにおける「サブカルチャー資本／下方文化資本（subcultural capital）」についての文化批判的研究に登場する人物だ。

もし少女たちが「流行への敏感さ（hipness）」を追いかけるゲームから身を引くときには、彼女たちは「これはクズだけどわたしは好きよ」という表現で、自分たちの趣味を弁護するだろう。そうすることで彼女たちは、サブカルチャーのヒエラルキーを認めて、そのなかでの自分たちの低い位置を受け入れる。他方で、もし彼女たちがこうした敗北主義を拒絶するとしても、クラブやレイヴパーティに通う人たちはたいてい、「シャロンとトレイシー」が聴くようなグレードの低いポップから注意深く距離を取るよう気をつけている。クラバーやレイヴ好きは、女性的なメインストリームを、断固として拒絶し侮蔑する。

サラ・ソーントン
英の文化社会研究者。現代ポップカルチャーの民俗学的研究で知られる。シャロンとトレイシーは、その著書『クラブカルチャー　音楽、メディア、サブカルチャー資本』のなかの論考より。

ソーントンはサブカルチャー研究においてバーミンガム学派として知られているものを批判した。この学派はしばしば、過激で侵犯的で反ヘゲモニー的なものとしてのサブカルチャー分析を生み出した。ソーントンは、この学説は「サブカルチャーのイデオロギーに対して十分に批判的ではない。なぜなら第一の理由は、この学派は支配的なイデオロギーを壊して異議を唱えるほうへと向きを逸らしがちだからであり、第二に、この学派のバイアスが彼らの研究の対象である若者文化の反大衆的な言説と一致する傾向があったからである［強調はネイグル］」。オルタナ右翼や右よりのchanカルチャーの批判者たちでさえ、そこでのスラングやマイナーなサブカルチャーへの言及、内輪の冗談などを使ってそれを「我が物に」しようとしていた。その一方で、ソーントンは社会学者**ピエール・ブルデュー**の「文化資本」という概念を応用し、彼女の「サブカルチャー資本」という理論のなかで、90年代のクラブカルチャーを作動させる中心的な動力源とした。エリートのサブカルチャーに関する知識や、流行への敏感さは、文化資本のひとつの形式であり、サブカルチャーのメンバーたちはそれを経由して入ってくるのだ、とソーントンは論じている。彼女が概念を翻案するもとになったブルデューは、「スラングを使いたいという根深い意図は、何にもまして、貴族的な優秀さの主張なのである」と述べている。

かつて文化資本は都会風で行儀よくあることを通じて獲得されたが、ソーントン

ピエール・ブルデュー
仏の哲学者、社会学者。著書『ディスタンクシオン社会的判断力批判』などにおいて、家族やコミュニティのなかで蓄積され相続されていく文化的能力を「文化資本」と呼び、それが社会の原動力のひとつとなっていると論じた。

によれば、サブカルチャー資本は、「事情通であること（in the know）」を通じて獲得される。これはメインストリームの文化や大衆社会からサブカルチャー自身を差異化する、サブカルチャー特有の細かい言い回しや奇妙なスラングのひとつだ。このシステムのなかでは、メディアがキープレイヤーであり、サブカルチャーは、メディアを通じて、なにが流行していてそうでないのか、なにがサブカルチャー資本として高い価値を持つのか低い価値を持つのか、ということに意味を与える。ウェブ上での多くの文化と同じく、クラブカルチャーも、「流行への敏感さ」を絶え間なく分類し直すことによって、サブカルチャーの境界線を管理している。

オタク的なサブカルチャーへの浸透を試みてはいるが、メインストリーム好きで、浅くて、くだらなくて、無知な少女たちに対する憎悪が、オタク的なサブカルチャーにとって主要なものとなった。さまざまなオタク的オルタナ右翼のサブカルチャーを通じて使用された共通の話題のひとつは、オタク的サブカルチャーに属したいと試みているが、正しいスラングやエリート的な深い知識といった、そこへの所属を示す正しい目印を使うことができない少女の言葉だった。

モラルなきサブカルチャーのカウンター的スタイルを「わかっていない」、「普通の奴ら（normies）」と「つまらないビッチ（basic bitches）」をめぐるすべての言葉は、互いに反目し合う音楽サブカルチャーとともにあった青春の日々へとわたしを連れ戻す。だが、今やそれは、成長した男たちと、さらにシリアスになった政治的な内容が争点になっている。リチャード・スペンサーは、人種分離主義の復活が尖っていてクールだと考えることができない人は「普通の奴ら」と「つまらないビッチ」だと言って、繰り返し非難している。マイク・セルノヴィッチはニューヨーク・タイムズにインタビューされ、ヒラリー・クリントンの演説が「彼女がやってきたスピーチのなかでもっとも愚かなものだった」と述べ、「彼女のソーシャル・メディアのアドバイザーは、わたしたちに撃たれるかもしれないと感じている24歳のつまらないビッチなんだ…」と続けた。「尖っている（edgy）／カウンターカルチャー的／侵犯的」という観念によってファシストたちが一般人よりも道徳的に優位なポジションに立つという地点にたどり着いてしまったならば、わたしたちは、干からびて時代遅れになったカウンターカルチャー的な理念の価値を真剣に考え直すことを望むべきなのかもしれない。

徐々にフェミニズムの影響が強まっていくウェブ上のメインストリームのプラットフォームに対する攻撃のなかに、ニーチェの響きを聞き取ることもできる。音楽批評家**ロビン・ジェームズ**は、「ニーチェが大衆に対する責任を女性にかぶせたことは、彼が常にもっていた〈芸術家・哲学者・英雄〉という美的な理想と結びついている。この理想は現代の民主主義とその偽の文化との調停し難い対立に苦しむ孤

ロビン・ジェームズ
ポピュラー音楽の研究者。資本主義と資本主義文化がポピュラー音楽の作曲、演奏、配信、受容に与える影響についての研究を行う。

独な人物を表している」と述べる。ジョン・ケアリーは「ニーチェの大衆観は近代西洋文化の創設者の多くの人に共有されるか予示されていた」と主張している。ウェブ上でみられる「インターネットには女の子はいない」という表現は、早くは4chanの**「インターネットのルール」スレッド**に見られる。この文句は文字通りに読まれるよりも、女性がほとんど、あるいはまったくいないインターネットこそが本物のインターネットであり、「ザ・インターネット」を作っているのだ、という断言として読まれることを狙っている。女性たちが議論の的となるのは、その不在が前提となった上でのことであり、ユーザーたちは、匿名空間を、女性への苦情をそれに同情する事実上の男性聴衆に対して表明できる場所として扱っているようであった。

「**カムダンプスター**（cumdumpster）」というスラングは、長年にわたって反フェミニズムのウェブ上で頻繁に使われていた。この単語は、虚栄心が強く、注目を求めて男性が支配するナードの空間に入ってきた女性に対する攻撃的な言葉に由来している。研究者の**ヴィシャリ・マニバンナン**が実証したことだが、4chanでこの単語が一般的に使用されるようになったのは、２００８年の悪評高い出来事が元になっている。「フェマノン（femanon）」［インターネットの女性住人］を自称する4chan住人が下着姿の彼女自身がどのように見えるかという写真をアップロードしたとい

「インターネットのルール」スレッド
インターネット、特に/b/板についてのお遊びのルール。その後、様々なバージョンができたが、「インターネットのルール」50か条もそのバリエーションのひとつ。

カムダンプスター
直訳すると「精液処理機」。特に女性のことだが、男性同性愛者を指すことも。

ヴィシャリ・マニバンナン
メディア情報学の研究者。

う事件で、写真はほぼ確実に偽物だった。その女性は別れ話についてアドバイスを求め、容易に不貞を働くことができるかどうかを尋ねていた。彼女の振る舞いはサブカルチャー的な習慣とあまりにも違っていたので、マニバンナンによれば、ユーザーたちはその投稿を修正し、彼女の排泄物への興味を表明したものにして、フェマノンという語をカムダンプスターに変更した。そのスレッドは/b/板の最初のページに一時的に固定され、あるユーザーはそれを「槍先に突き刺した頭」に等しいもの、すなわち包摂と排除をはっきり表明したものだとみなした。

　影響力は弱まってきたとはいえ、右方向へと動き始め、現代のオルタナ右翼と多くの性質を共有したニート的なウェブ上のサブカルチャーは、「新しい無神論」であった。それはオルト・ライトの先駆者のひとつであり、非合理で忠実なものを**クリストファー・ヒッチェンズ**流のスタイルで激しく批判するというものだった。今日見られる、「マイロは愚かなフェミニストを認めている」というタイプのあらゆる映像は、数年前からYouTube上で「ヒッチの一撃（HITCHSLAP）　ヒッチェンズは愚かなキリスト教信者の女を認めている」という名で出回っている新しい無神論の映像とほとんど同じスタイルで制作されている。これらの映像は、ニーチェ的で、反メインストリーム的で、非順応主義的な感性が共通している。

「新しい無神論者」の女性である**レベッカ・ワトソン**は、「スケプチック

クリストファー・ヒッチェンズ　英のジャーナスリト、作家。その著書『神は偉大ではない　いかに宗教はすべてを毒してきたか』で、宗教批判のなかで「証拠がない主張は、証拠なしに却下してよい（議論の必要がない）」と主張。この主張は「ヒッチェンズの剃刀」とも呼ばれる。「ヒッチの一撃」はこのような宗教に対する全否定的な態度を指す。

レベッカ・ワトソン　米のブロガー、YouTuberでフェミニスト。「インターネットで台頭した最初の無神論者」との評も。エレベーターゲート事件は、アイルランドで行われた無神論のフォーラムで、彼女が男性の出席者

(Skepchick)」というブログの創設者であり、「世界へのスケプチック・ガイド」というポッドキャストの共同ホストでもある。2011年に戻ると、ワトソンは、無神論で懐疑主義的なインターネット・コミュニティ内における波のような罵詈雑言の対象だった。このコミュニティを中心としたインターネット上の嵐は、今では「エレベーターゲート（#elevatorgate）」として知られている。ワトソンはブログに「Redditがわたしを無神論者嫌いにする」というポストを投稿した。ほとんどが男性からなる、無神論者のインターネット・コミュニティ内のフォーラムでの議論に参加しようとして、嘲りの対象となった若い女性に起こった出来事をこの投稿は書いている。2011年6月に、彼女は**リチャード・ドーキンス**と公開討論をおこなった。「エレベーターゲート」につながるイベントを、彼女は次のように報告している。

わたしは、ウェブ上の無神論とコミュニケーションすることがどのようなものなのかについて、そして女性であることが、わたしが受け取るリプライにどれだけ影響しているかについて、自分の持ち時間に話しました。レイプの脅迫や、それ以外にも性的なことに関するコメントがリプライで来るのです。聴衆は理解してくれました。そしてそのあと、わたしはホテルのバーで何時間も、ジェンダーやモノ扱い、ミソジニ

にエレベーターまで追いかけられて性的な誘惑を受けたという主張と、これを批判する「炎上」のこと。

リチャード・ドーキンス 英の進化生物学者。生物は遺伝子によって利用される乗り物にすぎないという遺伝子中心主義の主張や、無神論的立場で知られる。著書に『神は妄想である　宗教との決別』など。エレベーターゲート事件では、イスラム教徒の女性と比較すればまだマシだとレベッカ・ワトソンを批判。この発言は批判され、後に撤回し謝罪した。

ーといった問題について議論しました。午前4時ごろ、わたしは疲れたので、別の日にあるトークのために寝ると告げて失礼しました。エレベーターに着くと、直接話をしたことのなかった男がグループから離れてエレベーターに入ってきました。ドアが閉まると、男はわたしに言いました。「誤解しないでほしいのだが、あなたに非常に興味を持った。わたしのホテルの部屋に戻って、コーヒーでも飲まないか?」。わたしは丁重に断って、フロアに着くとエレベーターを降りました。

彼女はこの出来事について、あとになってVlogで語った。結果として、彼女のYouTubeのコメント欄は不快で性的な嫌がらせや脅迫であふれ返り、彼女のWikipediaのページは徹底的に荒らされた。彼女は「少数の人間が数百のメッセージをわたしに送り、わたしをひとりにしないと誓ってくれている」と書いた。リチャード・ドーキンスが加わって、より重大な苦しみがイスラム世界で起こっているときに、エレベーターのなかでナンパされたといった些細なことで不平を述べるのが西洋のフェミニストだと言ってからかうと、ヘイトのメールはますます激しくなった。

彼女の名前のTwitterアカウントが作られ、彼女の友人たちを罪に巻き込むようなことをツイートするために使われた。彼女のことを集めたブログが作られ、彼女の主張によれば、過去の失敗がカタログにされて、罪に問えそうなことはなんであれ掘り出された。ドーキンスの介入からちょうど一週間後、彼女には無神論者の集まりで話す予定があったが、ある男がTwitterを通じてワトソンに自分も出席すると告げ、エレベーターで居合わせたら彼女に暴行したいと告げた。

無神論者のウェブコミュニティのなかにいる女性やフェミニストたちも、女性文化による男の空間の破壊のために憎まれ、似たような行動があったことを伝えている。ワトソンと共同でブログを運営しているエミー・デイビス・ロスは、フェミニストの無神論者を嫌うためのフォーラム「スライムの沼（Slime Pit）」に住所が投稿され、引っ越さねばならなくなった。こうした投稿は、「男たちのための声」上で彼女についての酷評を書いていたひとりの男性によって投稿された。フェミニストで無神論者のブロガーであるグレタ・クリスチーナは次のように書いた。「わたしが**Pan Galactic Gargle Blaster**のレシピや『まったくすごいあと6人の無神論者』よりももっと議論を呼びそうなことについて口を開くと、ヘイトや悪口、侮辱、殺人やレイプの脅迫、その他もっと多くのものが来ると思う」と。同じように、無神論者の**ジェニファー・マククライト**も、自分の戦闘的な発言やブログを休止した。彼女は「毎朝起きると悪口のコメントやツイート、メールが来ていて、いかにわたしが売春婦でカマトトで醜く、太っていて、全体主義的フェミニスト（feminazi）で、

Pan Galactic Gargle Blaster
英の大ヒットSF『銀河ヒッチハイク・ガイド』のなかに出てくる架空のカクテル。

ジェニファー・マククライト
無神論者でフェミニストのブロガー。

間抜けでビッチで性悪女なのかが（これでもほんの数例を挙げただけなのだが）書かれていた……わたしはこれ以上受け入れられない」と。

Redditの無神論フォーラムである「/r/無神論者」スレッドに由来すると言われているミームは、いかに女性が自らの虚栄心を満たすために写真メインのソーシャル・メディアを使っていて、男性がそうしないかを示している。このミームは、男性のユーザーが周囲にレンガを見せるとき、単にレンガだけを見せるのに対して、女性のユーザーがレンガを見せるときは、ポーズをとってこびを売るようにレンガを持っている姿を見せているのを描いた風刺イラストだ。この風刺漫画のなかで、女性は議論になっている対象に関心を示すふりをして自分自身の写真を撮ることに興味を持っているが、男性はただ単に対象を示している。

この画像は、ウェブ上の無神論者の文化に批判的なフェミニズムの記録によれば、ルナムという仮名を使った15歳の少女が、「超信心深いわたしのお母さんがクリスマスにわたしにしてくれたこと」というスレッドを投稿し、そこで彼女が**カール・セーガン**の『悪霊にさいなまれる世界　知の闇を照らす灯』という本を手にした彼女自身の写真をリンクしたときに、/r/板無神論者フォーラムで取り上げられた。その画像についた最初のコメントは「しっかりしろ、お世辞が迫っている」というものので、彼女がわけ知り顔で受け取るであろう不可避なおべっかを想定していた。そ

カール・セーガン
米のSF作家、天文学者。著書にテレビシリーズとなった『コスモス』など。無神論者としても知られる。

れに続く長い議論では、コメント投稿者は彼女の年齢を語り、彼女を誘惑して最後にはレイプすると述べていた。「アナルをリラックスさせるんだ、そのほうが痛くない」とある投稿者がコメントすれば「血液は母なる自然のもたらす潤滑油だ」と別の投稿者が返した。ルナムがようやくこうしたコメントに返信したあとで、彼女は「女の子だからという理由で、あなたが無神論／科学／その他いかなるコミュニティでも決して真面目に相手されないことを知ったときのアノ気分（Dat feel）」と書いた。それについた最初のリプライは、「そう、『アノ気分』とか書くならそうなるね……」というものだった。

これは男性が支配するウェブ上のナード［＝オタク］的サブカルチャーでの広範なトレンドであり、そこでは女性たちは、サブカルチャーの領域で道徳的な行動を強制し、メインストリームのプラットフォームが偽物であることをもたらす存在であるというより、サブカルチャー的なエッジな感性を脅かすものだとみなされていた。女性に反対するナード的なジャンルの初期の例として「愚かなオタク女子（Idiot Nerd Girl）」というものがある。２０１０年５月に出現したこのトレンドは、手のひらに「オタク」と書いて分厚い黒縁のメガネをかけたティーンの女子のイメージを扱っていた。上のほうにキャプションで「オタク文化（geek culture）」への言及が含まれていて、下方のキャプションにはサブカルチャー的知識の欠落を示す文句が書かれている。たとえば「自称『オタク』です／**ワールド・オブ・ウォー・クラフト**って何？」とか「バック・トゥ・ザ・フューチャー大好き！／**ギガワット**って何？」といったものがある。

侵犯的でカウンターカルチャー的なフォーラム内に定期的に現れ、自分たちへの注目やリアクション目当ての無節操な女、自撮り女、あるいはカムダンプスターと呼ばれる女性たちには、たいていサブカルチャー的な習わしから滑り落ちて、それを「わかってない」という欠点がある。彼女たちは女性的な虚栄心を見せつけていると思われていて、それはchanカルチャーにおいては激しく拒絶される。なぜなら、InstagramやFacebookのようなネットワークは個人的なアイデンティティと写真に基づいていて、これら多くのメインストリームのソーシャル・メディアやインターネット文化のなかでは、女性的な虚栄心が決定的な特徴となっているからだ。大衆化し女性化したネットワークに対抗して、上記のようなサブカルチャーは攻撃的になって自分たちの境界を守ろうとする。

繰り返しになるが、これも新しいことではない。**ジョン・オズボーン**の戯曲『怒りを込めて振り返れ』や映画『理由なき反抗』は、戦後の社会秩序の凡庸さから生まれた同種の攻撃として考えられるが、それについてジョイ・プレスやサイモン・レイノルズは「50年代の反抗的な言説には、体制順応の主要組織者としての母権制

ワールド・オブ・ウォー・クラフト
対戦型戦略ゲーム「ウォー・クラフト」の世界観を引き継いだ大規模多人数同時参加型オンラインRPG（MMORPG）。全世界で最大の参加登録者数がいるオンラインゲーム。最盛期にスティーブ・バノンが、この課金システムを悪用したビジネスを香港で繰り広げていたことも。

ギガワット
映画「バック・トゥ・ザ・フューチャー」35周年記念に発売された玩具「トランスフォーマー」とコラボした、同映画の主人公が乗るタイムマシーン「デロリアン」の変形ロボットフィギュアのこと。

家長である母の姿が取り憑いている」と書いていた。『カッコーの巣の上で』では、収容されていた反抗的なハーディングは、邪悪な看護婦ラチェッドに反抗して「友よ、わたしたちは母権制の犠牲者なんだ」と警告を発していた。順応することが女性的であり、反抗することが男性的なのである。

人間嫌いと女性嫌い、子を産む家庭的な女性に対するヘイトは、オルタナ右翼の世界で同時に進行するが、これも新しいものではない。『性の叛乱 ジェンダー・反抗・ロックンロール』において、レイノルズとプレスは、反抗者の想像力のなかでは、女性は犠牲者の形象でもあると同時に「去勢をおこなう順応性」の形象でもあると論じた。両者の関係はとりわけ「母性崇拝=モミズム（Momism）」の概念のなかで明らかである。この概念は、1942年の**フィリップ・ワイリー**の著作『裏切りの世代（Generation of Vipers）』中のもので、物質主義にまみれたアメリカ社会の退廃と、浅薄で女性化した大衆消費文化について論争を呼んだものだった。反フェミニズムで「レッド・ピル」的なウェブ文化同様、50年代と60年代の男性による反抗文化においても、結婚と家族は罠として提起され、女性は通常、凡庸な郊外で反革命を助長する役目を担っていた。

女性性と大衆文化との否定的なつながりは、さらに過去にさかのぼる。文芸評論家の**アンドレアス・ユイッセン**は、その源泉を『ボヴァリー夫人』に見る。モダニ

ジョン・オズボーン 英の劇作家、脚本家。1956年発表の『怒りを込めて振り返れ』は、当時の労働者階級の若者の不満や反抗を描いた青春劇。このような作風の作家は当時「Angry Young Men（怒れる若者）」と呼ばれた。

フィリップ・ワイリー 米の作家、脚本家、コラムニスト。著書にSF小説『地球最後の日』など。

アンドレアス・ユイッセン 米の独文学研究者。ドイツ研究の学術誌ニュー・ジャーマン・クリティークの初代編集長。「Mass Culture as Woman: Modernism. s Other」などでボヴァリー夫人について論じている。

ズムの父親たちが「エンマ・ボヴァリーが好んで読んでいたものに対する断固たる拒否に基づいた美意識」を表明していた時期に書かれたこの小説は、ロマンチックな虚構に混乱させられたひとりの女性の偽らざる肖像を示していた。ユイッセンは女性がこの時代の「他者」であることに気づいた。初期の女性運動の時代においては、優位に置かれた男性エリートの目下の敵は女性だった、とユイッセンは論じている。

伝統的なものであれ近代的なものであれ、高級文化が明らかに男性の活動の特権的な領域として残り続けたのに、世紀の転換期の政治的・心理学的・美学的な言説が、どれほどまでに、首尾一貫して取り憑かれたように、大衆文化を生み出し、また女性としての大衆を生み出したことだろう。このことに注目するのは実に感慨深い。

わたしはもう一度、『ファイト・クラブ』や4chan独自の「インターネットのルール」50か条に話を戻したい。このルールのなかには「おっぱいを見せろ、さもなくば出て行け」や「インターネットには女の子はいない」といったものもあったが、最初のふたつのルールに「/b/板のことを決して口外するな」というものもあった。これは『ファイト・クラブ』の最初のふたつのルールである「ファイト・クラブのことを決して口外するな」をふざけて真似したものだ。

タイラー・ダーデンは、『ファイト・クラブ』の主要人物だが、男性を去勢する消費文化の慣習順応性、およびホワイトカラーの会社生活で脱工業化の時代以降に見られる女性化された臆病さに反対して、男性的な反抗を再度主張している。エドワード・ノートンの役柄は体制順応主義的で、去勢され、消費主義的なベータ男性だが、ノートンの裏の自我であるダーデンは、欲望や女性によるコントロールから解放された、カウンターカルチャー的なアルファ男性である。彼が売っているピンクの石鹸は、脂肪吸引の手術を受けた女性の脂肪を再利用して作られたもので、つまり彼女たちの脂肪を「もう一度彼女たちに売りつける」ことになる。これは消費主義に対する反抗を起爆し、順応主義を破壊するものであり、女性の虚栄心への軽蔑を伴っている。おそらくこれはMGTOW文化の中心テーマでもある。『ファイト・クラブ』はまた、伝統的な男性の役割を拒絶し、反順応主義の手段としてフェミニズムに親和的な態度をとることをも同時に拒絶して、反抗的男性性を構築している。

オルタナ右翼の大多数が用いる表現のなかには、ダーデンの反体制順応主義がこだましている。映画中でアナーキーなスタイルを見せて、体制順応的な怠け者を眠りから起こそうと試み、彼自身もレッド・ピルを飲む。60年代の反抗的男性性とオルタナ右翼に見られる男性性の考えを響かせながら、ダーデンはメインストリームの男性性について次のように説明する。

……ホワイトカラーという奴隷たちだ。広告によって車や服を追いかけ、嫌いな仕事に就き、必要のないガラクタを買う。わたしたちは3兄弟の真ん中の子どもだ。目的も場所もない。大戦の経験もない。大不況の経験もない。わたしたちの大戦はスピリチュアルな戦いだ……。大不況に陥っているのはわたしたちの生活だ。わたしたちはテレビで育てられて、いつか自分たちが億万長者になり、映画スターになり、ロックスターになると信じ込まされている。でもなれやしない。わたしたちはそれをなかなか飲み込めない。そしてわたしたちは本当に、とても、腹を立てている。

この台詞がまさしく、のちにMGTOW運動のスタイルと口調になり、反フェミニズム的なマノスフィアのスタイルと口調にもなった。またそこにおいては、しばしば不在の父が、女性をさらに非難するための基盤となる。

『ファイト・クラブ』には、寝取られ男のテーマも存在している。語り手のジャック［主人公のエドワード・ノートンが自称する仮名］は、ＩＫＥＡのカタログを見ながらトイレに腰掛け、「他の多くの男たちと同じく、僕もＩＫＥＡの営巣本能の奴隷となった」と語る。ダーデンはジャックに、「どうして君みたいな男や僕が、羽毛布団がどんなものだか知っているっていうんだ?」と問いかける。インターネット上の右翼と同じく、これは男権主義者と反フェミニズム的な政治活動を具体化したものであり、女たちからの家庭的で女性的な影響に対する反抗を伴った恐れと拒絶でもある。新しい「パンク」的で侵犯的なウェブ上の右翼の議論のスタイルのなかでは、巣作りはまた平穏さとも結びついたものであり、侵犯やポルノグラフィー、また暴力の描写は、男性の空間を侵食する女性たちに対するウェブ上のヘイト・キャンペーンのなかで、反撃として用いられている。

映画『アメリカン・ハイスクール』に見られるポップカルチャーの定型は、古い手本を採用したもので、筋肉だけの脳なしのスポーツバカが最悪の性差別主義者であるような社会を描いていた。けれども今や、インターネットの世界はわたしたちに、他者の内的な生活を垣間見せる機会を与えるようになった。そのなかでももっとも驚くべき発見は、ヘイトに満ち、人種差別主義者で、女性差別主義者で、他者の幸福を狂わんばかりに羨む人物として露呈したのは、女子とつきあったことのない、自分では良い人だと思っているオタクの男性であったということだ。同じく、60年代以降の西洋のポップカルチャーにおいて支配的であった美的な性質に内在する価値には、たとえば侵犯、盗作、カウンターカルチャーといったものがあるが、それがウェブ上の極右の決定的な性質であったことも判明した。彼らはまた、自分たちが古い偏屈な極右の考えに満ちているが、ニーチェ的な反道徳主義によってキリスト教的道徳の制約からは解放されていることにも気づいている。メインストリームにあって、体制順応的で、つまらないものであればなんであれ、それに対する正しい軽蔑に満ちた感情を抱いている。「トロールたちをトロールする」ことを試みたり、彼らのインターネット文化を真似することによってこの新しい右派の言葉を語るという悲壮な努力はやめて、それがわたしたちに示しているもの以上に深遠な何かは受け入れないようにするべきではないだろうか。オルタナ右翼はしばしば、リベラリズムは精神の牢獄だと語り、本当にラディカルで、侵犯的で、「エッジの効いた」ものを探求していると表明する。ローリング・ストーンズから半世紀も経過し、スージー・スーとジョイ・ディビジョンがファシズムの美学と戯れたあとで、**《浸礼　尿に浸したキリスト像》**や『ファイト・クラブ』のあと、大統領ファンクラブの「ボーイズ」からマクドナルドまでのあらゆる人が「エッジなもの」を鞭打って走らせるような時代となった。カウンターカルチャーのきわめて最近かつきわめて現代的な美的価値観は横に置いて、落ち着いて新しい何かを創造するための大きなパラダイムを提示する時期なのかもしれない。

《浸礼　尿に浸したキリスト像》
米のアーティストのアンドレス・セラーノが1989年に発表した写真作品。尿をいれたガラス瓶のなかにキリストの磔刑像を入れて撮ったもので、世界各国のキリスト教団体から抗議が殺到した。

結論
あの冗談はもう面白くない
――文化戦争はオフラインへ

Conclusion:

That joke isn't funny anymore

– the culture war goes offline

本書が問題として取り上げた時期に、マーク・フィッシャーが立ち上がり、文化左翼の集団ヒステリーがもたらした反知性主義的で異常な文化に対して、右派でない立場から数少ない率直な意見を述べた。左翼の集団ヒステリー状態から数年後には、その反動でインターネットに新しい極右が発生する。２０１７年１月にフィッシャーが自殺を図ったというニュースが流れ、同じウェブ上にいて、数年来彼を中傷し傷つけてきた人たちがどう対応したのかは想像できるだろう——彼らは満足げに微笑んだのだ。

「もうひとりの怒れる女」という名のサイトを運営するブロガーのスタッバースは、オルタナ右翼が「社会正義の戦士たち（SJWs）」と呼ぶ、影響力のあるTwitterユーザーである。彼女は「**吸血鬼の城**［ヴァンパイア城］」とは自分のTwitterのタイムラインのことだといい、彼の死のニュースについて、「死んだというだけの理由で『不機嫌な顔をしたアイデンティティ政治の信奉者』といった彼の批判が正しいわけでない。左翼のミソジニーが彼とともに死ねばいいのに」とツイートし、続けて「吸血鬼のマントを着て、夜のなかへと飛び立とう」と投稿した。こうした反応こそが、まさしく不機嫌な顔をしたアイデンティティ政治の信奉者の典型例であり、敵意に満ちた数々の文化戦争のあいだに、多くの若者を右傾化させる原因となった。左翼の病を提えた左翼側の最良の批評家は死んでしまって、フェミニズム的な行為

吸血鬼の城
マーク・フィッシャーが書いた「吸血鬼の城からの脱出」というコラムで、ブルジョアの「しかめっつらしたアイデンティティ政治の信奉者」が、「吸血鬼の城」でキャンセル・カルチャーに没頭していると批判したことを、このフェミニストのブロガーは皮肉っている。

として自分の性器からとった酵母でパンを焼くことをブログに書いていた女性が、彼の墓の上で踊っていた。

こうしたタイプの左派を典型とする、厄介で有毒性のあるインターネット政治は、きわめて破壊的で非人道的なものである。これによって、左派が新しい世代すべてにとって笑うべき人種になったことには疑問の余地がない。長年にわたるウェブでのヘイト活動や、他者に対する粛清、誹謗中傷の活動などは――とりわけ意見が異なる独立精神をもった左派に対するものも含めて――莫大な損害を引き起こした。言論の自由に反対し、思想の自由に反対する、反知性主義的なこうしたウェブ上の運動は、政治活動をノイローゼに変えてしまったが、これは数百万人がインターネットで視聴した、大学キャンパスという現実生活での数々の光景と切り離すことはできない。この場面で、右派の側に立つことによって、そう、おそらくは今までで初めて、物事がエキサイティングで面白く、勇ましいものになったのだ。キャンパスツアーの時代にマイロが、自分に抗議する人たちに何度も自分と議論するよう焚きつけたとき、彼らは議論しないだろうし、できないだろうということをマイロはわかっていた。抗議者たちはTumblrとトリガー警告、そして異論をもつ人たちの追放という、完全に知的に閉ざされた世界からやってきて、その世界で彼らは仲間内での決まり文句を繰り返すことしかできないでいたのだ。

逆にインターネットの右派はより不愉快さを増し、ほんの数年前までは考えもつかなかった極端な右傾化を見せている。ユダヤ陰謀論などがそれにあたる。フォーラムやYouTubeのコメント、あるいはTwitterなどどこであれ、インターネット右翼がいればそれがもっとも軽い程度のものであっても、最悪の人種差別的中傷や女性やエスニック・マイノリティーに対する悪意に満ちたコメント、そしてそうした人たちに対する暴力的なイメージが洪水のようにあふれているのが、今でも見つかるだろう。ユダヤ陰謀論と「避難民によるレイプ」に対する非人間的な中傷がお決まりのようについてくる。保守派の人たちでさえ、文化戦争で右派の立場から発せられた非人道的なレベルの片鱗をのぞかせ始めている。ナショナル・レビュー誌の**デヴィッド・フレンチ**がトランプを批判したとき、彼は最初にマイロに攻撃され、オルタナ右翼の攻撃的な犬たちがそれに続いた。フレンチは次のように書いている。

あなたの若くて美しい娘が「黒い子豚（niglet）」と呼ばれるのを見ても、まったく報われないし、愉快でもないし、満足もない。男たちが続々とあなたの妻と寝たと図解で自慢してくるのを見ても、まったく報われないし、愉快でもないし、満足もない。電話の着信が中断され、ディスプレイ上に殺人現場の写真がちらつくのを眺め、脅迫状めいたメールを読むと、心は乱れる。10代の子どもたちを農場に連れて行き、家で

デヴィッド・フレンチ
米の政治評論家。同性愛やトランスジェンダーを不道徳だと批判する保守派。トランプ批判で家族を含め、数々の脅迫にあった。

ひとりのときに侵入者がきたときに備えて拳銃の扱いが上手くなったことを確認するのも、ふざけてやっていることではない。長年にわたる友人や仲間がわたしの経験を適当に退け、わたしの同僚の経験を公的扶助にかかる通常のコストでしかないとして片づけたとき、惨めなものを感じる。そういうことではない。わたしは今までナショナル・レビュー誌に10年以上貢献してきて、アメリカのもっとも感情的な文化戦争の多くに20年以上関わってきた。だが、以前はこんなことを経験したことがなかった。

数多くのジャーナリストや市民が、トランプやウェブ上にいるトランプ主義の右翼の人物たちを批判した人々に対する攻撃や脅迫を、その恐るべき詳細とともに説明してきた。とりわけ批判した人物が女性や黒人やユダヤ人であったときはもちろん、「寝取られ保守主義者」であったときでさえ、攻撃や脅迫は恐ろしいものだった。もし誰かが、大統領や著名なオルト・ライト、あるいはオルタナ右翼のファンなどに反対する発言をしたとして、人々は今や、インターネット上にいる、もっとも強迫観念に取り憑かれ、不安定で、怒れる数千人もの人たちを、その誰かを追うために送り込む力を持っている。メインストリームのメディアはいまだに反トランプかもしれないが、その状況が近年の批判的な思考や発言を冷ますことになると考えるのは素朴すぎるだろう。それに腹を立てる人がだんだん少なくなっているかもしれないのだから。

２０１７年２月、自らのキャリアが見事に崩壊していくよりも前のことだ。マイロはカリフォルニア大学バークレイ校で非公開の演説会をキャンパスツアーの一端として計画していた。バークレイ校は１９６４年の左派による言論の自由運動の出発点となった場所だ。これは**バークレイ校で起こった暴動**のアイロニーだとコメントする者も多数いた。キャンパスを管理してそこから右派を締め出そうとする左派に、歴史的な逆転が見られるというのだ。しかし、彼のツアーの最後の夜に何が計画されていたのかも、同じくらい重要なことだ。この夜、アメリカの大学キャンパスにいる左派が考え方のレベルでマイロに異議を申し立てることができなかったことが露呈した1年間の最後に、左派たちは暴動を企てた。**殴られたリチャード・スペンサーの動画**は今や有名なミームになっているが、それと同じことで、この暴動は、一瞬の目まぐるしい筋肉の動きを発揮することによって、無慈悲な敗北という不慣れな感覚を一時的に緩和するかのような出来事だった。

直ちにTwitter上に、その夜の暴動の映像を切り取った動画がアップされた。マイロのファンの若い女性が顔を殴られ、もうひとりの若い女性は旗竿で頭を殴られ、ひとりの男性は何人もに殴られ意識を失って床に倒れている。画面の外からは「ぶちのめせ！」という叫びが聞こえてくる。一階のフロアのガラスの壁は粉々になり、

バークレイ校で起こった暴動
１９６４年、カリフォルニア大学バークレイ校に、校内で撒いた政治ビラが理由で同校の学生が逮捕されたことをきっかけとした、言論の自由を求める学生の暴動。学生８００人以上が逮捕され、これをきっかけに学生運動は、反戦運動や公民権運動とイシューを拡大して大きなムーブメントになっていった。

殴られたリチャード・スペンサーの動画
第一次トランプ政権の大

火の手が上がり、マイロ・ヤノプルスは避難し、講演は中止となった。この夜、右派は暴力の受け手側に立ち、左派の側でもマイロに反対する抗議者が撃たれた。
マイロのツアーは現代の文化的進歩主義の深い知的腐敗を痛々しくさらけ出し、その進歩主義は右派からの挑戦にまったく対処できないこともわかった。Tumblr的リベラリズムという現代的なスタイルと、純粋に自分本位なアイデンティティ政治の信奉者的文化進歩主義、この両者に伴う問題は、ウェブ上のサブカルチャー内での挑発から、大学のキャンパスへとその場所を変えていった。１９６４年にバークレー校で始まった運動は左派の偉大な運動であった。だが、理念や観念によって人々を説き伏せるという考えが、今や、悲劇的なまでにぼやけてしまった偉大な運動の幻影を追う者たちを苦しめ、傷つけ、激怒させているように思える。マイロは打ち負かされたかもしれないが、理念や観念の戦いに敗れたわけではない。

近年のインターネット文化は、想像をはるかに超えて醜いものとなってしまったし、そこで作り出された大混乱から抜け出すための簡単な方法もないように見える。「嫌悪すべきものや醜悪なもの」が「ネットワークを作った」といって進歩主義者たちが喜んでいたときの、リーダー不在のデジタル革命という、インターネットを中心に据えたユートピア的な日々は、突如として、あまりにも遠いものとなってしまった。醜悪なものが、現実の生活に急に飛び込んできてしまった。ほんの数年前

統領就任式の日は大規模な抗議デモがあり、そのなかでテレビのインタビューを受けていた極右指導者リチャード・スペンサーが、覆面をした抗議者（ANTIFAといわれる）に殴られる事件があった。この動画は、音楽をつけられて面白おかしくミームとしてネットに拡散された。

には公の場では考えられなかったような、非人間的で反動的なインターネット政治が、メインストリームにじりじりと近づきつつ、蔓延してきている。インターネットの世界ならば、そうした政治をさらに助長するのではなく、むしろそれを封じ込めることもできるのではないか、今では、もうそれくらいのことを望みたくもなる。

訳者解説

本書の原書『Kill All Normies』は、2017年にイギリスの出版社Zero Booksから刊行された。著者のアンジェラ・ネイグルはアイルランド人の両親を持つ1984年生まれのノンフィクション・ライターで、アメリカのテキサス州ヒューストンに生まれたのちアイルランドにわたり、ダブリンシティ大学に提出した博士論文「現代のインターネットにおける反フェミニズム運動に関する調査」によって2015年に博士号を取得している。

日本語版出版に際してタイトルはアレンジを施したが、原書のサブタイトルは「Online Culture Wars from 4chan and Tumblr to Trump and the Alt-right」となっていて、直訳すると「4chan、Tumblr（タンブラー）からトランプとオルタナ右翼にまで至るインターネット文化戦争」となる。耳慣れない人もいるかもしれないTumblrと4chanについて簡単に補足をしておこう。

Tumblrは2006年にアメリカで開発された、SNSとブログを兼ねたウェブログサービスで、アメリカでの利用者が大半を占めている。2013年から2018年まではYahoo によって運営され、その後Verizon（現Oath）に統合されるが、2019年8月にオートマティック社に買収され今日まで続いている。現在の総利用者数は1億3000万人ほどだが、日本での利用者は300万人程度にとどまっている。初期のTumblrのユーザーは、大学生やティーンエイジャーなどの25歳以下の若者がその半数近くを占めていた。2014年に3か月あたりで1億を超える投稿数のピークを迎えたが、VerizonによるYahoo買収に伴いポルノや裸体などの画像投稿が禁止されたことなどが理由となり、2018年には投稿数は3か月あたり3000万近くまで低下した。最盛期にはLGBTQ+の安全なコミュニティ形成に役立てられるなど、進歩的な意識を示す多くの意見が寄せられていたことも特徴としてあげられる。

4chanについては、少し経験のあるネットユーザーに対しては詳細な説明は必要ないように思われる。日本人に馴染みの薄いTumblrとは異なり、4chanは日本由来とも言える画像掲示板である。アメリカ人クリストファー・プールによって2003年に開設され、2015年からは2ちゃんねる創設者の西村博之氏（ひろゆき）がその管理を引き継いでいる。詳細はWikipedia日本語版の「4chan」の記事に詳しいが、本書で言及されている匿名集団「アノニマス」や、リック・アストリーの画像による悪戯であるリックロールなどのミーム文化など、様々なインターネット・サブカルチャーの発祥サイトであり、女性を嫌がらせのターゲットにしたゲーマーゲート事件が引き起こされる端緒となる場所であった。4chanは今でもアメリカでもっともアクセス数の多いサイトのひとつであると同時に、世界で第二位の規模をほこる掲示板サイトであり続けている。

もちろん、本書で扱われているインターネット文化やそれによる文化戦争の領域や種類は、こうした特定のサイトおよびその周辺の状況に限定されることなく多岐にわたるもので、各章ごとに独立した記録として読める。以下、各章の概要を記しておく。

イントロダクションでは、2008年のバラク・オバマ選出以降、トランプ大統領が誕生する2016年までのアメリカ大統領選挙の様子が回顧され、それに伴う文化政治の変化が述べられる。メインストリームのメディアの外、すなわち大手の新聞やテレビによる報道以外の場所で展開されるインターネットを舞台とした文化政治が、メインストリームを凌駕する影響力をもち、それとともに大衆に共通する文化的なマナーや心性も失われてしまったと筆者は述べる。メインストリーム文化の凋落とともに現れたバイラルな動画の流行は、『Kony2012』から始まりゴリラのハランベに至るが、これは道徳的な正しさを競っていたネット文化がアイロニーで反動的なシニシズムへと推移していったことを示している。

第1章は2010年前後に始まるネット掲示板やソーシャル・メディアの文化が社会に与える影響を主に扱っている。インターネットがもたらしたジャスミン革命やオキュパイ・ウォールストリートなどのユートピア的社会革命の熱狂は、トランプ就任後に顕著なオルタナ右翼の誕生と隆盛に変わってしまった。オルタナ右翼の影響力を増大させたもののひとつが、日本に由来する画像掲示板4chanだとされる。サイト内の言説は反フェミニズム的傾向を示し、右翼的で差別的なＳＮＳセレブやブロガーらの思想と合流して、ゲーマーゲート事件を引き起こす。

第2章ではオルタナ右翼の思想やミソジニー的心性の背後にある「侵犯」思想の系譜が明らかにされる。1960年以降、カウンターカルチャーの標語としてポジティヴな意味合いを持っていた「侵犯」の概念は、今や右派的な信条を表すものとなった。モラルを侵犯し、その領域を突き崩すこの思想の源流は、18世紀のマルキ・ド・サドに見出され、その後アヴァンギャルドやシュルレアリズム、さらにはニーチェの思想を経て、戦後アメリカの反抗的な文化となる。反体制的で左派的なものであった侵犯の思想は、反道徳的な政治思想としてオルタナ右翼に受容され、リベラルな価値観に異議を申し立てる手段となった。

第3章では、伝統的なメインストリームのメディアに代わって台頭した多くのオンライン・メディアやそのコンテンツについて、左派右派双方で見出される歴史的な展開が説明される。オバマ時代から支配的であった左派リベラルのオルタナティヴなメディアは、Buzzfeedのようなまとめサイトや中道左派的なJacobin誌といった形で、2016年のトランプ選出時においても存在感を保っていた。他方で右派の側では、オルタナ右翼が、無名の白人ブロガーからYouTubeやTwitterでのセレブにまで及ぶ多層的なオンライン・メディアを構築し、「オルト・ライト」として左派による批判を超える人気を得た。なかでも2007年に設立されたブライトバート・ニュース・ネットワークは、編集者であるスティーヴ・バノンが政治的な影響力を持つようになるなど、オルタナ右翼のための強力なプラットフォームとなった。こうしたソーシャル・メディアにより、マイロ・ヤノプルスやマイク・セルノヴィッチ、あるいはアレックス・ジョーンズといったオルト・ライトの人物が大きな影響力を持つことになった。

第4章は、共和党の大統領側近パット・ブキャナンに代表される90年代の文化戦争と、トランプ時代のネット論客マイロ・ヤノプルスが展開した現代の文化戦争との違いが主題となる。60年代のカウンターカルチャーやビートニクのスタイルがもつ秩序転覆的な敵対文化を知的で洗練された語りによって激しく攻撃するブキャナンの時代の保守思想に比べると、ヤノプルスの言説に典型的にみられるオルト・ライト的な思考の特徴は、60年代の反逆的なスタイルと、ポストモダン的な諧謔性《かいぎゃくせい》を用いて、4chan的、すなわちインターネット的な感性を前面に出した破壊的な保守性を示していた。後者はいわば、保守本流的な思想に対する反動だと考えることもできる。

第5章では、Tumblrの発展とともに浸透したアイデンティティ・ポリティクスが、バトラーなどのフェミニズム理論を吸収しつつ独特の政治的美学を生み出し、それが2010年以降Twitterに代表される新しいプラットフォームを通じて、マーク・フィッシャーが「吸血鬼の城」と呼ぶ閉鎖的で教条主義的なリベラルのウェブ空間を作り出したことが語られる。また、こうしたアイデンティティ・ポリティクスが支配する言説空間は、ウェブ上にとどまることなく、実効的な暴力として大学キャンパスで数々の騒動を巻き起こした。左派にとってのTumblrは右派にとっての4chanに匹敵する力をもった場であり、ポストモダン思想（アメリカでは「フレンチ・セオリー」と呼ばれるが）に影響されたアイデンティティ政治を進める新左派に対して、たとえばソーカル事件や大学キャンパスでの文化戦争など、各種の反動的な運動が起こった。ヤノプルスのキャンパスツアーはその代表的なものである。

第6章では、オルタナ右翼がその発生以来敵視してきたフェミニズムとの関係が、主に男性側の運動という観点から論じられる。サブカルチャーにおける女性嫌いの男性集団は、「マノスフィア」と呼ばれる、男性の不平等を訴えるアクティヴィストやミソジニー的な文化に染まった男性からなる領域を形成していた。男性特権を否定し、男性差別としてフェミニズムに反発するだけであった旧来の男性政治運動と比べると、２０１０年代以降の男性運動は、女性を蔑視し、性的な存在へと矮小化し、ヘイトの対象とするという暴力的な面が際立ってきた。こうした方向とは別に、男性性を女性性から分離しようという動きも現れる。「わが道を行く男たち（MGTOW）」と称されるこうした運動の戦闘的な一例として、将来国会議事堂を襲撃することになる「プラウド・ボーイズ」があった。こうした動きの背景には、結婚や性の自由化と、経済成長にともなう貧富の格差増大がある。勝ち組男性が性の自由を謳歌できる一方で、ランクが低いことに不安と絶望を抱いた独身男性たちが女性と非白人という対象を蔑むことでプライドを満たしたと筆者は分析する。ベータ男性と呼ばれる弱者男性のこうした態度はニーチェの思想にも通底するものだが、こうした虚弱だが強硬なあり方が無差別な銃撃事件として具体化することもあった。

第7章は、本書のタイトルでもある「普通の人たち（normies）」が焦点化される。マイロに代表されるオルタナ右翼やオルト・ライトにとって、大衆はもはや信じるべき味方ではなく、リベラルで多文化主義に染められた存在であり、chanカルチャーに見られる内輪的で俗物的なサブカルチャーへのオタク的な傾倒によって、自らを守らねばならないとされる。「普通の人たち」は敵であり、トロールたちによるからかいの対象なのである。オタク的な内向性は、流行に敏感で輝いているリア充的な世界から身を引き、反ヘゲモニー的なサブカルチャーの領域を形成する。かつては音楽的なポピュラーカルチャーにのみ存在していたこうした態度が、いまや政治の領域にまで拡大していったと筆者は述べる。彼ら彼女らは「新しい無神論者」として活動し、反抗を包容するかのような家庭的な女性嫌いの傾向を深める。大衆的な保守性に対するこうした反抗は、たとえば映画『ファイト・クラブ』のタイラーとなって具現化し、他者の平凡な幸せを羨みつつそれを侵犯するヘイトに満ちた差別主義者を生み出すのである。これはカウンターカルチャーの叛逆的な手法が右派によって換骨奪胎された帰結であり、その運動の是非をもう一度見直す時期に来ていると筆者は述べる。

結論部ではいくつかのエピソードが述べられている。マーク・フィッシャーの自死はウェブ上で展開される左翼間の集団ヒステリーから引き起こされたものであった。だが、左派のこうした嘲笑的で攻撃的な態度は、新しい世代が敬遠するものとなり、「言論の自由」に対する抵抗感を植えつけてしまった。マイロを前にしたリベラルな大学生の沈黙は、左派の内輪向けの言語が閉塞に陥ったことを示していた。こうした左派の沈黙と対照的に、ウェブ上での、すなわち水面下でのオルタナ右翼の言説はますますその邪悪さを増していった。インターネット黎明期にあった良き革命への予感が消え失せてしまった今、非人道的な言説を生み出すに至ったウェブの世界を管理する術が問われていると言って、本書は閉じられる。

＊＊＊

本書はソーシャル・メディア（SNS）黎明期から、2016年のトランプ大統領選出に至るまでのインターネットを主戦場とした文化政治の歴史をなぞった稀有な書籍であろう。おそらくは人類にとってひとつの「黒歴史」になるであろう歴史の軌跡を「サブカルチャー」という視点から丁寧に叙述したという意味で、トランプの第二次政権誕生を目前とした2024年の今日においても、様々に参照すべき箇所があることは間違いない。とりわけ、おそらくは筆者が女性であることから持ち得たであろう視点は、政治家やセレブ、著名ブロガー、プラウド・ボーイズや無名のトロールたちまでも含めた「男たち」の基本的な心性や素行の姿を浮き彫りにして、そこでの問題の所在を明らかにしているように思える。その意味で、とりわけ本書の第6章と第7章での分析は多くの示唆に富む。

（もちろん、筆者の視点自体もまた、「男たち」によって大いに問題にされることになるであろうし、訳者であるわたしによるここでの指摘が、様々な立場から何がしかの非難を受けるであろうことも想像に難くない。）

とはいえ訳者であるわたしは、メタ的な批判の可能性をあえて括弧に入れて、この解説を締めくくろうと思う。本書は、非歴史的なものの歴史であり、非歴史的であることによって歴史的であろうとしたものたちの歴史を――それが右派であれ左派であれ――最大限の誠実さと注意を持って書き留められた「歴史」である。フランスの哲学者ミシェル・フーコーは、論考『汚辱に塗れた人々の生』において、罪人に対して費やされたほんの微かな記述を手がかりに、歴史から抹消されかけた人々の生を描き出した。今やわたしたちは、ＳＮＳでの書き込みやコメント、あるいはメールや携帯、ＬＩＮＥの履歴など、さまざまな「汚辱」を撒き散らす可能性の下で生きるようになってしまっている。わたしたちはたいていが「普通の奴ら」の一員であり、歴史的な存在たる人はそう多くはない。だが、わたしたちの生とともに生み出されるパン屑のような言葉や記号の断片こそが、本書で様々な例を尽くして述べられているように、わたしたちの歴史を構成し、それに動きを与えてしまえるような、そんな時代を迎えているのではないだろうか。

大橋完太郎

KILL ALL
NORMIES

著者プロフィール

アンジェラ・ネイグル ANGELA NAGLE

1984年、アメリカ・テキサス州生まれ、アイルランド・ダブリン在住の作家・社会評論家。オルタナ右翼の専門家として「ニューヨーカー」「バッフラー」「ジャコバン」「アイリッシュ・タイムズ」ほか多くの雑誌に寄稿している。反フェミニストのオンライン・サブカルチャーに関する研究で博士号を取得。2017年に刊行した『KILL ALL NORMIES』は、白人至上主義のオルタナ右翼の起源に迫るドキュメンタリー『Trumpland: Kill All Normies』の原作となった。著書に『緊縮財政下のアイルランド 新自由主義の危機と解決策』(コリン・コールターとの共著)など。

訳者

大橋完太郎 KANTARO OHASHI

1973年、京都市生まれ。神戸大学大学院人文学研究科教授。専門は近現代フランス思想、表象文化論、芸術哲学。著書に『ディドロの唯物論』(2011年)。訳書にマーク・フィッシャー『ポスト資本主義の欲望』(2022年)、リー・マッキンタイア『ポストトゥルース』(2020年、監訳)など。

注釈・解説

清義明 YOSHIAKI SEI

1967年、神奈川県横須賀市出身。ライター、ジャーナリスト。株式会社オン・ザ・コーナー代表。著書に『サッカーと愛国』(2016年、ミズノスポーツライター賞優秀賞受賞)、『2ちゃん化する世界—匿名掲示板文化と社会運動』(2023年、共著)、『コンスピリチュアリティ入門:スピリチュアルな人は陰謀論を信じやすいか』(2023年、共著)など。

普通の奴らは皆殺し

インターネット文化戦争
オルタナ右翼、トランプ主義者、リベラル思想の研究

2025年1月20日 初版第1刷発行

著
アンジェラ・ネイグル

訳
大橋完太郎

監修・注釈
清義明

装丁
重実生哉

発行人
圓尾公佑

発行所
合同会社Type Slowly
〒181-0013
東京都三鷹市下連雀8-3-11-602
TEL 080-9463-6985
https://www.typeslowly.co.jp/

印刷所
中央精版印刷株式会社

ISBN978-4-911273-02-9